하루 만에 끝내는
MBA

Ben Tiggelaar

하루 만에 끝내는
MBA

1년에 단 하루, 10년간 17,000명의
리더들이 열광한 MBA 명강의

벤 티글러+조엘 아츠 | 김경섭+윤경로 옮김

MBA in One Day

김영사

하루 만에 끝내는 MBA

1판 1쇄 인쇄 2015. 9. 14.
1판 1쇄 발행 2015. 9. 25.

지은이 벤 티글러, 조엘 아츠
옮긴이 김경섭, 윤경로

발행인 김강유
책임 편집 성화현 | 책임 디자인 조명이
해외기획실 차진희, 박은화 | 홍보 고우리, 박은경
마케팅 김용환, 김재연, 백선미, 김새로미, 고은미, 이헌영, 정성준
제작 김주용, 박상현 | 제작처 민언프린텍, 금성엘앤에스, 대양금박, 신안제책
발행처 김영사
등록 1979년 5월 17일(제406-2003-036호)
주소 경기도 파주시 문발로 197(문발동) 우편번호 10881
전화 마케팅부 031)955-3100, 편집부 031)955-3250 | 팩스 031)955-3111

값은 뒤표지에 있습니다.   ISBN 978-89-349-7190-0 03320

독자 의견 전화 031)955-3200
홈페이지 www.gimmyoung.com   카페 cafe.naver.com/gimmyoung
페이스북 facebook.com/gybooks   이메일 bestbook@gimmyoung.com

좋은 독자가 좋은 책을 만듭니다.
김영사는 독자 여러분의 의견에 항상 귀 기울이고 있습니다.

이 도서의 국립중앙도서관 출판시도서목록(CIP)은 서지정보유통지원시스템 홈페이지
(http://seoji.nl.go.kr)와 국가자료공동목록시스템(http://www.nl.go.kr/kolisnet)에서
이용하실 수 있습니다.(CIP제어번호 : CIP2015024743)

위대한 조직과 리더의 조건

이렇게 엄청난 아이디어들이 단 한 권의 책으로 엮여 나오다니!

나는 지난 몇 년간 벤 티글러의 '하루 만에 끝내는 MBA' 세미나에 특별 게스트로 참여할 기회가 몇 번 있었다. 정말 탁월한 발상이다. 경영서적으로 가득 찬 서가에서 찾아낸 가장 뛰어난, 가장 감화력 있는 통찰이 하루 만에 채워진다. 리더십과 조직, 전략, 실행에 관한 모든 중요한 아이디어들, 이 모든 게 마련되는 것이다. 정말이지 마음에 쏙 든다.

벤의 세미나에서, 그리고 지금은 이 책에서, 가장 호소력 있는 부분은 그의 초점이 사람들에게 맞춰져 있다는 점이다. 나는 사업에서 가장 우선시되어야 할 것이 숫자나 계획, 절차가 아니라는 사실을 절실히 느끼고 있다. 사업은 정말이지 인간관계가 전부라고도 할 수 있다. 리더와 그들이 이끄는 사람들 간의 관계. 팀원들과 고객들 간의 관계. 그리고 팀원들 간의 관계.

내 말을 믿어도 좋다. 세계 각지의 회사들과 다년간 일하면서 내가 배운 것이 한 가지 있다면, 어떤 회사가 성공적이지 못할 때 원인은 거의 항상 인간관계에 있다는 것이다. 사람들은 서로를 신뢰하지 않고, 그들의 리더를 신뢰하지 않는다. 그 이유는 어쩌면 리더가 사람들보다 자기 자신만을 생각하는 데 더 많은 시간을 보내기 때문일 것이다. 아니면 권력이나 돈에 정신이 팔렸을 수도 있다. 확실한 것은 그들이 정말 중요한 본질인 '관계'에 대해서는 생각하지 않는다는 사실이다.

《하루 만에 끝내는 MBA》는 가장 중요한 경영사상가들의 가장 뛰어난 아이디어들을 세련된 솜씨로 소개하고 이 아이디어들을 아주 실용적으로 응용한다.

저자가 제시하는 이 아이디어들을 활용해보시라. 여러분이 이끄는 사람들을 의욕적으로 만들고, 여러분의 고객들을 열렬한 팬으로 바꾸고, 여러분의 리더십을 한 단계 향상시키는 데 큰 도움이 될 것이다.

《하루 만에 끝내는 MBA》는 위대한 조직에서 위대한 리더가 되는 데 필요한 지침서이다. 잘 활용해서 비즈니스의 진정한 거장이 되어보시라.

《칭찬은 고래도 춤추게 한다》,《겅호》의 저자
켄 블랜차드

하루 만에 공부하는
경영 구루들의 이론과 아이디어

역자가 유펜의 와튼 경영대학원에서 MBA 과정 중 일부를 듣게 된 것은 1968년이었다. 토목·환경공학 박사 과정 수업에 필수과목이었던 리더십과 인적 관리 등을 와튼에서 수강한 것이다.

역자가 귀국해서 한국리더십센터를 설립한 해인 1994년부터 여러 경영대학원에 출강하며 MBA 교육이 경영자들의 자질과 능력 향상에 디딤돌이 되어 조직 발전의 기초가 된다는 사실을 발견하였다.

한국의 경영자들은 매일매일 수많은 정보와 이론의 홍수 속에 살고 있다. 경영과 리더십에 관한 것도 아주 짧은 시간에 많은 콘셉트와 이론이 쏟아져 나와, 가치 있는 정보와 이론을 분별하는 것은 현대 경영자들과 리더들에게 아주 중요한 역량이 되고 있다.

역자는 최근 네덜란드에서 열린 'MBA in One Day' 컨퍼런스에 참가해서 강렬한 인상과 깊은 영감을 받았다. 수많은 경영 구루들의 사상과 이론 중에서 현재 우리가 경영과 리더십 발휘에 적용할 수 있는 실용적인 아이디어들을 단순하고 명쾌하게 전달하고 있었기 때문이다.

《하루 만에 끝내는 MBA》를 저술하고 매년 같은 타이틀의 컨퍼런스를 열고 있는 벤 티글러는 20여 년 전부터 전 세계 유수 대학원의 MBA에서 다루어지는 경영 구루들의 경영 이론들을 깊이 있게 연구하고 현실적인 사례와 접목하여 핵심을 찌르는 내용을 청중들과 독자들에게 전달하고 있다. 최고의 경영사상가들의 최고의 아이디어를 단 하루 만에 읽고 공부한다는 그의 도전적이고 새로운 패러다임과 열정에 깊은 인상을 받았다.

이 책과 컨퍼런스는 크게 네 가지 영역으로 나누어져 있다. 1부 리더십, 2부 조직, 3부 전략, 4부 실행이다. 어쩌면 평생을 학습하여도 부족할 각 영역의 내용을 벤 티글러는 아주 단순하고 명쾌하게 정리하여 제시하고 있다. 먼저 각 영역에서 중요한 질문을 던지고, 핵심 내용을 정리한 후 그 분야의 가장 유명한 구루들의 이론들을 다룬다. 그리고 여러 구루들의 다양한 관점을 다룬 후, 우리에게 주는 실용적인 아이디어와 교훈으로 마무리한다.

이러한 방법이 과연 효과적일 수 있을까 하는 의문이 들 수 있는데, 수많은 경영 구루들의 핵심적인 내용을 단순히 압축해서 이해하는 데도 며칠이 걸릴 수 있고 또 너무 방대하다고 생각할 수 있기 때문이다. 그런데 벤 티글러는 오랜 시간 경영 구루들의 사상과 이론, 아이디어를 깊고 통찰력 있게 연구한 후 가장 실용적인 방식으로 우리에게 제시하고 있다. 그 방법은 많은 문제와 도전적인 과제에 직면하고 있는 경영자들과 리더들에게 그들이 실제로 직면한 문제와 도전 과제에 대해 듣고 이해하고, 최고 경영사상가들의 자료를 샅샅이 뒤져서 오랜 시간 검증된 모델과 이론을 연결시켜 제시하는 것이다. 역자는 이러한 벤 티글러의 실용적인 접근법에 깊은 지지를 보내게 되었는데, 컨퍼런스에 참가한 많은 청중이 자신의 문제에 대한 새로운 통찰과 아이디어를 얻어 갔기 때문이다. 역자들도 거기서 배운 두세 가지 아이디어를 즉시 활용할 수 있다는 사실에 감동하여 MBA in One Day 컨퍼런스를 매년 한국에서 개최하기로 계약했고 이 책도 번역하기로 작정했다.

이 책을 통해 우리가 도움을 얻을 수 있는 최고의 방법은 명확한 질문을 떠올리고 읽는 것이다. 자신이 처한 조직과 리더십 환경에서 어떤 어려움과 도전 과제들이 있는지 먼저 정리하고 몇 가지 질문을 만들고, 이 책을 읽는다면 훨씬 더 많은 것을 얻어 갈 수 있을 것이다.

한국의 수많은 독자들이 이 책과 컨퍼런스를 통해 최고 경영 구루들의 이론과 아이디어를 핵심적으로 이해하고 실제 경영과 리더십을 발휘하는 데 접목함으로써 자신의 조직에 큰 도움을 받을 뿐만 아니라, 개인적인 삶에서도 큰 통찰과 영감을 얻으리라 확신한다.

역자를 대표하여

김경섭(한국리더십센터 회장)

최고 경영사상가들의 위대한 통찰과 조언

사업이나 부서, 팀 혹은 경력을 관리하는 것은 어려운 도전, 즉 리더십과 조직, 전략, 실행 분야의 온갖 문제들과 걱정거리, 의문들을 연이어 맞닥뜨림을 의미한다. 또 한편으론 여러분에게 해답을 제공하고자 하는 — 물론 소정의 사례금을 대가로 — 수많은 컨설턴트와 트레이너들, 웹사이트와 경영서적들을 만나게 되기도 한다.

그렇다면 여러분은 지식과 정보의 정글 속에서 어떻게 길을 찾아내겠는가? 값어치 있는 조언과 그렇지 못한 조언, 다시 말해 알갱이와 쭉정이를 어떻게 분별하겠는가?

이러한 질문들은 '하루 만에 끝내는 MBA' 세미나를 열었을 때의 출발점이기도 하다. 세미나와 이 책에서는 경영의 '기본 법칙들'을 소개한다. 모든 경영자들은 시대를 초월한 지식을 보유해야 한다. '…해야 한다(ought to)', 어쩌면 이 두 단어에 비결이 있는지도 모른다. 여러분은 정말 긴요한 지식이 많다는 사실은 알지만, 대체로 그것을 깊이 파고들 시간이나 기회는 갖고 있지 않다.

경영자가 된 사람들 중의 다수는 전혀 다른 분야에서 교육을 받았다. 만일 여러분이 이 경우에 해당한다면, 《하루 만에 끝내는 MBA》는 실제 체험에서 얻은 지식에 경영 분야의 주요한 통찰을 효과적으로 접목시키는 데 도움이 될 것이다.

경영 분야의 교육을 받은 사람들이라면 경영과 전략 같은 주제들을 이미 다뤄봤을 것이지만 현장 경험이 부족할 수 있다. 이 경우에 해당하는 사람이라면, 아마도 재교육 과정이 필요할 것이다.

《하루 만에 끝내는 MBA》의 목적은 여러분이 이미 갖고 있는 지식과 경험을 위대한 경영사상가들의 가장 값어치 있는 아이디어 및 조언과 연결시켜주는 것이다. 내 경험으로 봤을 때, 이러한 결합은 거의 언제나 새로운 통찰과 그러한 통찰을 실행에 옮길 강력한 동기부여를 이끌어낸다.

'하루 만에 끝내는 MBA'는 물론 약간 농담 섞인, 건방진 제목이다. 그렇지 않은가? 사실 그럼에도 이 책은 MBA 과정을 수료한 대부분의 사람들이 학창 시절로부터 기억할 수 있는 것보다 많은 자료를 담고 있다.

그러므로 《하루 만에 끝내는 MBA》는 경영 교육을 받아본 적 없는 사람들에겐 입문서 역할을 하고, 교육을 이미 받은 사람들에겐 재교육 과정이 될 것이다.

만일 여러분이 회사에서 균형성과평가 제도를 시행하는 방법이나 리엔지니어링 프로젝트를 완수하는 데 얼마나 많은 워크숍이 필요한지 등을 구체적으로 알아보고자 한다면, 나는 이 책을 소개하고 싶다. '하루 만에 끝내는

MBA' 세미나에서 얻은 반응들을 통해, 나는 많은 참가자들이 각자의 자리로 돌아가서 비즈니스 서적을 (재)발견한다는 사실을 알고 있다. 어떤 사람들은 MBA 전 과정을 이수할 생각을 갖게 되기도 한다.

지금 여러분이 손에 들고 있는 것은 책의 형태로 된 세미나라 할 수 있다. 각각의 파트는 굵직한 인명들과 그들의 기본 개념들로 시작된다. 뒤에서는 몇몇 사상가들과 그들의 통찰이 간략히 다뤄진다. 세미나에서와 마찬가지로, 나는 늘 이론을 일상적인 실천법과 연결시키려 한다. 나의 목표는 내가 수집하고 서술한 많은 귀중한 개념들을 여러분이 즉각 활용할 수 있도록 하는 것이다.

'하루 만에 끝내는 MBA' 세미나에서 발표를 하는 동안, 나는 다른 유명 가수들의 히트곡 — 경영 분야의 최고 히트곡 — 들을 연주하는 가수가 된 듯한 느낌을 종종 받는다. 세미나와 이 책은 리더십과 조직, 전략, 실행 분야에서 40명 이상의 위대한 사상가들의 귀중한 이론과 가르침, 통찰 — 최고의 비즈니스 사상가들이 지금까지 제시한 가장 위대한 통찰과 조언 — 을 선별, 요약, 정리, 설명하고 연결한다. 그들은 아낌없는 찬사를 받을 자격이 있다.

자, 시작할 시간이다. 마음만 먹으면 여러분은 이 책을 하루 만에 끝낼 수도 있을 것이다. 그래서 얻게 될 이익과 만족이 수년간 지속되리라 나는 확신한다.

벤 티글러

저자의 글

차례

하루 만에 끝내는
MBA로의 초대

—
—

—

- 왜 이 책을 읽어야 하는가?
- 6미터 높이의 경영학 책을 하루에 완독하다.
- 구루 매트릭스(Guru matrix)의 모든 것.

우선 하루를 투자해 이 책을 읽을 만한 이유는 세 가지이다.

1. 최고의 경영사상가가 제안하는 최고의 아이디어

이 책에서 만나는 경영 전문가들은 애매한 개념을 내놓은 모호한 사람들이 아니다. 대부분 유명 대학의 실력 있는 연구가로 누구든지 쉽게 알도록 지식을 전달할 수 있는 특별한 능력을 자랑한다.

2. 경영을 넘어선 삶의 철학에 대한 교훈

기업의 조직에서뿐만 아니라 직장 생활에서, 개인적인 삶에서도 도움이 되는 교훈들을 담았다. 누구나 목표를 성취하기 위한 미래 비전, 전략과 실행 계획을 세울 수 있게 길을 제시한다.

3. 바로 오늘부터 적용할 수 있는 이론들

화려하거나 추상적인 격식보다는 실용적이고 응용할 수 있는 원칙만 담았다. 읽는 순간 다양한 핵심 원리가 보이고 바로 적용할 수 있는 해결책에 눈을 뜰 것이다.

6미터 높이의 책

어떻게 하루 안에 6미터에 이르는 경영서를 다 읽을 것인가? 몇 가지 유행하는 방법들이 있다.

- 책에 있는 내용을 빠짐없이 정확하게 필사한다. 안타깝지만, 이 방법은 부질없는 일이다. 필립 코틀러의 책만 해도 수천 장이 넘고, 수만 개에 이르는 마케팅 사례들을 다루기 때문에 요약하기도 벅찬 분량이다. 취사선택을 해야만 한다. 어떻게 할 것인가?
- 저자가 가장 중요하게 생각하는 부분만 발췌한다. 이것도 하나의 방법이지만, 저자마다 관심 주제가 다르고 고전 경영서에 나오는 상당수의 혜안과 제안은 이미 시대에 뒤처지고 있다. 저자가 그 당시 중요하다고 생각한 것이 오늘날에는 중요하지 않을 수도 있다.
- 최신 경영서를 선택한다. 이게 통할 수도 있지만, 아쉽게도 많은 흥미로운 개

념이 세월을 견디지 못하고 사라진다. 지금 인기 있는 경영인이 다음 해에 잊힐 수도 있다.

- 가장 실용적인 것을 선택한다. 궁극적으로 이것이 필자가 추구하는 바이다. 나는 사업가, 경영자 및 전문가가 직면한 실질적인 문제와 과제에 대해 듣고, 최고 경영사상가들의 자료들을 샅샅이 뒤져 수십 년에 걸쳐 가치를 증명한 모델과 이론을 찾아낸다.

괜찮은 방법들도 보인다. 다만 이 책이 당신에게 도움이 되려면 어떤 방법을 선택해야 하는가? 경험에 따르면 명확한 질문을 염두에 두고 세미나에 참석하는 사람이 발표자가 무언가를 해주기 바라면서 듣는 사람보다 훨씬 더 많은 것을 얻어 간다. 책을 읽기 전, 학습 목표를 정하는 데 1분만 투자해도 이 책에서 많은 것을 가져갈 수 있을 것이다.

어떻게 하면 경영 구루^{Guru}가 될 수 있는가?

이 책에서 다루는 경영사상가들은 자신을 구루라고 하지 않는다. 피터 드러커는 굉장히 겸손한 말을 남겼다. "기자들이 나를 구루라고 하는 것은, 그들이 돌팔이라는 단어를 모르기 때문이다."

필자에게 가장 중요한 것은 당신이 경영가로서 어떤 아이디어를 가지고 있는가이다. 이 아이디어는 많은 사람에게 매력적이어야 한다. 그들이 의욕적으로 다른 사람들에게 당신의 아이디어를 나눈다면, 당신도 구루가 될 수 있다. 성공한 경영사상가들의 아이디어는 몇 가지 공통점이 있다. 간단하고, 돋보이며, 시대를 초월한다.

1. 간단하다 Simple

만약 이해하기 어렵거나 기억하기 힘들다면 그것은 좋은 아이디어가 아니다. 구루의 경지에 이른 경영사상가들은 복잡한 문제를 쉽게 만드는 데는 도가 텄다. 명확한 다이어그램과 간단한 리스트로 정리가 가능하다. 그들이 쓴 글은 열심히 일하는 경영자가 잠들기 전에 몇 분 동안 짬 내서 읽을 수 있을 정도로 쉽다.

2. 돋보인다 Recognizable

당연한 이야기지만 좋은 경영서는 놀랍고 독창적이다. 하지만 동시에 우리는 그것이 돋보이고 당연하길 바란다. 당연하다는 것은 우리가 이미 알고 있는 것을 적용할 수 있다는 뜻이기 때문이다. 물론 통계와 연구도 중요하고 확실한 증거도 필요하다. 하지만 당신의 아이디어를 독자와 청자가 경험을 통해서 본능적으로 알아듣고 당신이 옳다고 수긍할 수 있게 만드는 것이 더 중요하다.

3. 시대를 초월한다 Timeless

톰 피터스는 그가 진행하는 거의 모든 세미나에서 이렇게 강조한다. "나는 기초를 반복해서 말하기를 좋아한다." 맞는 말이다. 모든 신세대 경영인이 시대를 초월하는 경영전략, 리더십과 개인역량 personal effectiveness 향상의 기본원리에 충실해야 한다. 경영 구루는 그것을 너무나도 잘 알고 있다.

구루 매트릭스The Guru Matrix

 필자는 구조를 좋아한다. 리스트, 아웃라인, 박스 및 범주화 같은 것들 말이다. 나에게 구조는 일상 속 어지러운 현실, 쏟아져 나오는 경영개념과 통찰력을 이해하는 방법이다. 구루 매트릭스는 내가 경영사상가를 리더십, 조직, 전략 및 실행이라는 네 가지 범주를 통해 분류하는 모델이다. 각 주제를 다룰 때, 먼저 해당 분야의 유명 경영사상가의 이론을 살펴본 다음 잘 알려지지 않은 사상가를 살펴보고, 마지막으로 조금 더 발전된 개념을 제시할 것이다.

 1부는 '리더십'과 함께 다음 질문들을 다룬다.

 - 리더십과 경영에 대한 일반적인 견해는 어떤 것들이 있는가?
 - 리더십의 책임의 한계는 어디까지인가?
 - 어떻게 하면 더 효과적인 리더가 될 수 있는가?
 - 리더로서 다른 사람이 발전하도록 어떻게 도울 수 있는가?

 1부에서 만날 리더십 경영사상가는 피터 드러커, 스티븐 코비, 로버트 퀸, 켄 블랜차드이다.

 2부에서는 '조직'과 함께 다음 문제들을 살펴본다.

- 어떤 조직 모델이 있고, 각각의 장단점은 무엇인가?

- 무엇을 해야 우수성을 개발할 수 있는가?

- 왜 모두가 조직 재편성을 하려고 하는가?

- 어떻게 하면 조직 내에서 개인의 강점을 생산적으로 만들 수 있는가?

2부에서 만날 조직 경영사상가들은 헨리 민츠버그, 톰 피터스, 마이클 해머, 마커스 버킹엄이다.

3부는 '전략'과 함께 다음 문제들을 다룬다.

- 마케팅이란 실제로 무엇인가?

- 어떤 기본 전략이 있고, 각 전략의 장단점은 무엇인가?

구루 매트릭스The Guru Matrix

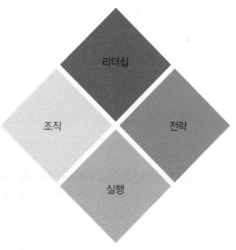

- 어떻게 전략과 내부 조직을 연결시킬 수 있는가?

- 어떻게 모든 요소들을 일관성 있는 하나의 비즈니스 모델로 만들 수 있는가?

3부에서 만날 전략 경영사상가는 마이클 포터, 필립 코틀러와 알렉산더 오스터왈더이다.

4부에서는 '실행'에 관해 살펴보고 다음과 같은 내용을 다룬다.

- 당신의 기업을 좋은 기업을 넘어 위대한 기업으로 만드는 데 어떤 요소가 도움이 되겠는가?

- 효과적인 변화 전략 과정은 어떤 과정을 수반하는가?

- 전략을 모두가 이해할 수 있는 구체적인 대책으로 만들 방법은 무엇인가?

- 만약 고칠 게 많다면, 어디서부터 시작해야 하는가?

4부에서 만날 실행 경영사상가는 짐 콜린스, 존 코터, 로버트 캐플란 & 데이비드 노턴 그리고 엘리 골드렛이다.

하루 만에 끝내는 MBA로의 초대

Leadership

1부

리더십
Leadership

리더십
leadership

- 어떻게 하면 리더로 성장할 수 있는가?

- 7가지 습관, 8가지 역할 그리고 수십 개의 조언

- 자기를 초월해서 다른 사람을 돕는 방법

리더십은 무엇이고 왜 그렇게 중요한가? 이에 대한 가장 적절한 답변은
리더십에 관한 다양한 견해가 존재한다는 것이다.

리더십에 대해서는 셀 수 없이 많은 견해가 있다. 버나드 배스는 그의 책
《배스의 리더십 핸드북The Bass Handbook of Leadership》을 집필하기 위해 리더십에
관련된 수백 권의 책을 연구했다. 그리고 리더십을 다음과 같이 정의했다.
"리더십은 사람들에게 영향을 줄 수 있고, 동기부여를 할 수 있고, 자기가 속
한 조직의 효율성과 성공을 위해 기여할 수 있도록 만드는 능력이다."

배스는 '사람들'과 '조직'을 강조했다. 하지만 리더십 분야의 또 다른 유명
저자인 스티븐 코비는 개인 리더십과 사람들의 개인적인 생활을 지도하는
능력에 더 초점을 맞췄다. 그렇게 보면 리더십은 효율적인 삶을 살고, 더불

어 다른 사람들도 효율적인 삶을 살 수 있도록 도와줄 수 있는 역량에 더 가깝다.

우리는 리더십과 경영을 구분하는 경향이 있다. 저자 워렌 베니스가 바로 그런 사람이다. "21세기에서 살아남으려면, 새로운 리더 세대가 필요하다. 경영자가 아닌 리더 말이다. 이 구분은 매우 중요하다. 리더는 맥락을 지배하지만 (…) 경영자는 맥락에 굴복하기 때문이다." 베니스의 말이다. 그러나 대중적인 경영사상가 헨리 민츠버그는 이러한 구분은 매우 위험한 것이라고 말한다. 그의 관점에서 리드하지 않는 경영자는 사람들을 움직일 수 없다고 판단했다. "우리는 리더십이 없는 경영자가 재미없고 사기를 저하시킨다는 것을 알고 있다. 그리고 경영을 할 줄 모르는 리더는 동떨어져 있다."

리더십에 대한 의견은 다양하다. 하지만 모든 리더십의 공통분모는 개인이 자기 한계를 뛰어넘을 수 있게 해주는 것이다. 여러 가지 기술을 통해 우리는 우리 자신의 행동과 타인의 행동을 바꿔 더 좋은 결과를 가져올 수 있다. 리더십은 우선 직장에 적용 가능하다. 현장 경영사상가들이 가장 많은 관심을 보이는 부분이다. 하지만 여기서 배우는 교훈은 가정에서도 사회 전체에도 적용될 수 있다.

여기에서는 먼저 가장 유명한 리더십 경영사상가들의 아이디어를 살펴본다. 그들의 이론은 다음 문제들을 소급한다. 리더는 무엇을 해야 하는가? 어떤 습관이 리더로서의 효율성을 결정하는가? 가장 널리 알려진 경영 이론에는 어떤 것들이 있는가? 누구나 사용할 수 있는 실용적인 방법에는 어떤 것들이 있는가?

피터 드러커
경영자에게 기대할 수 있는 것들

다른 사람을 이끌고 싶다면

먼저 자기 자신을 다스려야 한다.

피터 드러커

피터 드러커Peter Drucker(1909~2005)는 빈에서 그 시대의 지적 엘리트들과 함께 성장했다. 그는 심리학자 프로이트와 경제학자 슘페터처럼 위대한 사람들과 알고 지냈다. 드러커는 학업을 마친 뒤, 기자가 되었는데 당시 독일 나치가 정보부와 함께 일할 것을 제안했으나 도리어 반나치 에세이를 출판했다. 그 후 1933년 런던으로 떠났다가 1937년 미국으로 건너갔다. 드러커의 첫 번째 정식 경영서《기업의 개념Concept of the corporation》은 1946년에 출간되었으며 제너럴 모터스GM를 연구한 결과를 담은 책이었다. 3년 뒤 뉴욕대 교수로 임용되어 1971년까지 그곳에 머물다가 캘리포니아에 있는 클레어몬트 대학으로 떠났다. 드러커는 30권이 넘는 경영서를 집필했다.

경영자가 (반드시) 해야 할 일

피터 드러커의 저서는 주로 세 가지 주제를 다룬다.

- 조직의 기능과 조직 내에서 경영자의 역할
- 경영자와 전문가의 핵심역량
- 사회 전반의 발달과 발달과정에서 조직의 역할

우선 피터 드러커가 생각한 경영자의 과제와 책임에 대해 살펴보자.

경영자의 과제와 책임
❶ 조직의 목표
❷ 구성원의 생산성과 성과
❸ 조직의 사회적 책임

경영자는 조직의 목표, 구성원의 생산성과 성과 그리고 조직의 사회적 책임을 아우를 수 있어야 한다.

1. 조직의 목표

드러커는 경영자라면 기업으로서 우리가 무슨 일을 하고, 무슨 일을 해야만 하는지를 수시로 자문해야 한다고 말한다. 이 질문은 더 구체적으로 나눠볼 수 있다. 첫째, 누가 당신의 고객이고, 어떤 사람이 당신의 제품을 구매하는가? 둘째, 고객에게 어떤 가치를 전달하고 있는가? 고객은 특정 니즈가 충족되지 않으면 제품을 사지 않는다.

드러커는 많은 조직이 이와 같이 자문하지 않는다는 점에 대해 놀라워한다. 스스로 이런 질문을 던지지 않으면 기업이 외부 세계에 어떤 의미가 있는지 불분명해지기 때문이다. 만약 당신이 기업의 목표를 알고 있다면, 기업이 무엇을 하고 있어야 하는지 확실히 알 수 있다. 어떤 활동과 제품에 집중을 해야 하는지, 이제 어떤 활동과 제품이 고객에게 더 이상 아무런 가치도 제공하지 않아 사장되어야 하는지 분명해진다.

2. 구성원의 생산성과 성과

경영자는 완제품이 시장에 조달되고, 그것이 다시 내부 활동으로 이어지게 해야 한다. 다음 네 가지 질문이 핵심이다.

- 어떤 행동을 수반하는가?
- 내부 활동이 고객 지향적 과정 속에 어떻게 포함될 수 있는가?
- 그 과정을 어떻게 통제해야 하는가? 어느 정도의 물량, 품질, 기준을 목표로 해야 하는가?
- 이 과정은 어떤 지원을 필요로 하는가?

드러커는 직장의 인간적 요소와 사회적 요소를 강조한 인간관계운동Human Relations Movement 연구에 심취했다. 사람들은 의미 있는 일을 할 권리가 있고, 직무만족과 개인의 책임감이 업무 성과를 향상시킨다고 했다.

3. 조직의 사회적 책임

드러커는 1970년대에 기업의 사회적 책임을 밝힌 최초의 경영사상가 중한 명이다. 세계 100대 경제력 중 거의 절반가량은 국가가 아닌 기업에 있다. 이들 기업은 엄격히 말해 영업 활동에만 머물 수 없는 것이 사실이다.

드러커는 기업과 조직이 사회와 고객에게 가치 있는 제품을 제공하고, 그 제품이 사회와 환경을 저해해서는 안 된다고 생각한다. "남에게 해를 끼치지 말라." 2,000년 동안 의사들이 다짐해온 히포크라테스 선서의 첫째 선언이다. 이는 모든 경영자가 지켜야 할 최소한의 약속이라고 드러커는 말한다.

효과적인 경영자가 되는 방법

드러커는 최초로 경영자를 위한 '하우 투how-to' 매뉴얼을 집필했다. 《자기경영노트The Effective Executive》(한국경제신문)에서 그는 모든 경영자에게 필요한 다섯 가지 습관을 제시한다. 이 책은 드러커의 베스트셀러이자 나중에 다룰 스티븐 코비를 포함한 수많은 경영학 저자에게 영감을 주었다.

경영자의 조건

❶ 시간을 관리한다

❷ 확실한 결과에 초점을 맞춘다

❸ 강점을 활용한다

❹ 올바른 우선순위를 정한다

❺ 효과적인 의사결정에 집중한다

드러커의 다섯 가지 습관에 대해 알아보자.

습관 1 시간을 관리한다

의식적으로 시간을 관리한다. 매해 분기별로 그동안 어디에 시간을 소비했는지 노트나 수첩에 기록한다. 일과 시간을 활용하며 다음 질문을 염두에 두고 기입 내용을 분석한다.

- 만약 이 활동을 포기한다면 무슨 일이 일어나는가? 기입한 내용의 4분의 1 이상은 하지 않아도 될 일들이라고 드러커는 말한다.
- 기입 내용 중에 다른 사람이 해도 괜찮거나, 그 사람이 더 잘할 수 있는 일이 있는가?
- 다른 사람의 시간을 낭비하고 있지 않은가? 바꿔 말해 당신의 노력이 다른 사람들이 더 좋은 성과를 낼 수 있게 도와주는가?

습관 2 확실한 결과에 초점을 맞춘다

효과적인 경영자는 기여할 자세가 되어 있다고 드러커는 말한다. 자기개발은 물론이고, 무엇보다 조직과 사회에 기여하고 싶어 한다. 따라서 효과적인 경영자는 조직의 성과performance와 결과에 어떻게 기여할 수 있을지 고민한다.

습관 3 강점을 활용한다

자신의 강점을 키우고 조직원의 강점을 길러준다. 많은 사람들이 자기가 할 수 없는 일, 해서는 안 되는 일과 과거에 실패한 일을 아주 잘 알고 있다. 그런데 그들은 바꿀 수 없는 일을 불평하느라 시간을 낭비한다. 효과적인 경영자는 자기가 영향을 줄 수 있는 일에 집중한다. 그들은 자신과 구성원의 강점을 알고 활용한다. 약점만으로는 성과를 낼 수 없는 것이 당연하기 때문이다.

습관 4 올바른 우선순위를 정한다

중요한 일부터 처리한다. 중요한 일과 아닌 일을 가리는 네 가지 규칙이 있다.

- 과거가 아닌 미래에 집중한다. 전통에 구애받지 마라. 상황이 변한다면 과거에 내린 결정을 검토한다.
- 문제보다 기회에 집중한다. 문제를 해결하는 것은 과거의 균형만 가져올 뿐 성장을 가져다주지 않는다.
- 묵묵히 자신의 길을 걷는다. 불안감 때문에 유행하는 경영 트렌드에 휩쓸리지 않아야 한다.
- 큰 뜻을 품는다. 안전하고 쉽게 이룰 수 있는 목표보다는 중요한 목표를 세운다.

습관 5 효과적인 의사결정에 집중한다

결정이 필요한 사안이 있을 때, 경영자는 그것이 일반적인 일인지 예외적인 일인지 판단한다. 우리는 너무 자주 일반적인 일을 예외적인 일로 취급하기 때문에 그런 상황이 발생할 때마다 일시적이고 실용적으로 대처한다. 이런 접근은 실질적인 원인을 해결해주지 않는다고 드러커는 말한다.

효과적인 경영자는 처음부터 자신의 결정으로 어떤 성과를 원하는지 알고 있다. 그렇게 함으로써 추후에 그 결정이 옳았는지 평가할 수 있다. 이것은 무언가를 배우기 위한 유일한 방법이다.

드러커는 효과적인 의사결정을 위해서는 먼저 '무엇이 옳은가'부터 생각해야 한다고 말한다. 그제야 그 결정에 다른 사람들이 납득할 수 있는지 자문할 수 있다는 것이다. '누가 옳은가?'는 애초에 질문할 필요가 없다.

말년의 드러커의 인터뷰를 보면, 그는 리더십 분야를 포함하여 인기 있는 경영자에 대한 사람들의 불합리한 반응에 매우 비판적인 태도를 보인다. 그는 리더의 카리스마에 너무 많은 가치를 잘못되게 부여한다고 생각했다. "20세기 후반에 가장 카리스마 있던 리더는 히틀러, 스탈린, 마오쩌둥, 무솔리니였다! 그들은 잘못된 리더였다. 과거 백 년 이래 가장 유능한 대통령은 해리 트루먼이다. 그는 1온스의 카리스마조차 없었다."

드러커는 분별력 있는 사상가로 리더십은 타고나는 것이 아니라 누구나 발전시킬 수 있는 능력이라고 생각했다.

스티븐 코비
효과적인 리더십을 위한 습관

자신이 누구인지, 어디를 향하고 있는지,

그리고 무엇이 가장 중요한지 알고 있다면,

변화의 가능성은 열려 있다.

스티븐 코비

스티븐 코비Stephen Covey(1932~2012)는 최근 몇 년간 각광받아온 베스트셀러 작가 중 한 명이다. 그의 저서는 경영뿐만 아니라 여러 가지 리더십에 대해서도 다룬다. 코비는 미국의 솔트레이크 시티에서 태어나 하버드와 브리검 영 대학에서 공부를 마쳤다. 그는 《성공하는 사람들의 7가지 습관The 7 Habits of Highly Effective People》(김영사)을 출간한 1989년이 돼서야 유명해졌다. 사람들이 더 행복해지고, 보다 성공적인 삶을 살 수 있도록 해주는 일곱 가지 습관에 대해 다룬 이 책은 세계적인 베스트셀러가 됐다.

원리: 삶의 자연법칙

코비는 교수로 지내는 동안, 지난 200년간의 성공에 관한 문헌을 분석했다. 그는 1790년에 쓰인 벤저민 프랭클린의 자서전과 같은 고전문학과 세일즈, 기업가정신과 개인역량 향상에 관한 셀 수 없이 많은 20세기 문헌들을 연구했다. 코비가 내린 주요 결론들을 살펴보자.

18세기 말부터 1차 세계대전 종료까지 처음 백 년 동안의 성공에 관한 문헌은 성품 윤리character ethic를 강조한다. 이 시대의 문헌은 명확한 가치와 원칙에 따라 사는 것이 성공하는 방법이라는 가정하에 쓰였다. 예를 들면 정직, 겸손, 존중, 인내, 자선과 같은 가치가 우선이었다.

이후의 성공에 관한 문헌은 성격 윤리personality ethic를 강조한다고 코비는 말한다. 후기 문헌에서 성공이란 개인의 성취와 기술로 이룰 수 있는 것으로 본다. 코비는 이것을 피상적인 접근 방법이라고 생각한다. 이렇게 되면 정말 자신이 누구인지 그리고 무엇을 이루고 싶은지 알 수 없게 된다고 한다.

코비는 과거의 성품 윤리로 되돌아가야 하고, 리더십은 일시적인 가치가 아닌 변하지 않는 보편적 원칙에 근거를 두어야 한다고 주장한다. 그가 말하는 원칙이란 개인역량과 효과적인 협업의 자연법칙을 의미한다.

코비는 인생을 농사짓는 것에 비교한다. 학교나 직장에서 시험을 보거나 업무 마감일을 벼락치기로 해서 성공할 때도 있다. 하지만 농사를 지을 때 그런 편법은 통하지 않는다. 봄과 여름 내내 베짱이처럼 놀다가 갑자기 가을에 바짝 일해서 수확할 수는 없다. 농사는 그렇게 지을 수 없다. 인생도 마찬가지이다. 만약 의미 있는 인생을 살고 싶다면 말이다. 인생에도 자연의 법칙, 즉 원칙이 존재한다. 그것이 결혼이든, 아이를 양육하는 일이든, 조직 내에서 사람들을 대하는 일이든 마찬가지이다.

한 가지 원칙은 믿음직스럽고 정직해야 다른 사람들의 신뢰를 얻을 수 있다는 것이다. 진정한 신뢰성은 날조될 수 없다. 만약 시도하려 든다면, 사람들은 금방 당신이 속이려 한다는 것을 알고 등을 돌릴 것이다.

또 한 가지 중요한 원칙은 개인개발의 세 단계를 다룬다. 코비는 개인개발 과정을 아이의 발달과정과 비교한다.

- 아이는 태어났을 때, 부모님을 완전히 의지dependent한다.
- 그리고 두 발로 서게 되면 독립independence을 추구한다.
- 그러나 자라면서 상호 의존interdependence만이 최고의 결과를 가져올 수 있다는 것을 발견한다. 우리는 목표를 이루고 행복해지기 위해 사람들과 협력해야 한다.

코비의 일곱 가지 습관은 방금 살펴본 세 단계를 따라간다. 첫 세 가지 습관은 독립성을 익히는 것에 초점을 맞추고, 그다음 세 가지 습관은 다른 사람과 협력하는 것에 초점을 맞춘다. 마지막 습관은 전체를 아우르는 것으로 정신적, 영적, 감정적, 사회적 건강을 유지하는 방법이다.

개인역량 향상을 위한 세 가지 습관

코비는 첫 세 가지 습관이 개인역량 향상을 위한 습관이라고 말한다.

습관 1 자신의 삶을 주도하라®

모든 사람은 자기 삶에 변화를 줄 수 있다. 우리는 일상생활에서 나에게 영향을 주지만 통제할 수 없는 사람과 사물을 마주하게 된다. 이렇듯 통제할 수 없는 것을 관심의 원the circle of concern 속에 넣는다. 그 속에 두 번째 원인 영향력의 원the circle of influence을 그려본다. 두 번째 원은 자기 행동과 생각같이 우리가 통제할 수 있는 것들로 이루어져 있다.

코비는 이제 이렇게 묻는다. 어떤 원이 더 마음에 드는가? 당신이 영향을 줄 수 없는 것에 반응하는 데 집중하고 있는가? 아니면 자신이 영향을 줄 수 있는 일에 몰두하고 있는가?

코비는 목적지에 대한 뚜렷한 비전을 만들려면 어떤 삶을 살고 싶은지 결정해야 한다고 권고한다.

장례식장에 있다고 상상해보자. 그곳에는 당신이 사랑하는 사람들이 많이 보인다. 하지만 당신 자신만 보이지 않는다. 당신은 곧 그 이유를 알게 된다. 오늘로부터 몇 년 뒤 당신의 장례식이기 때문이다. 그날 당신이 사라진 뒤에 사람들이 당신에 대해 어떤 이야기를 해주었으면 좋겠는가?

코비는 장례식장의 이미지를 통해 우리 삶에서 무엇이 중요한지 알 수 있게 해준다. 그는 사람들이 저마다 사명서mission statement를 만들어야 한다고 말한다. 자신만의 신조 말이다. 당신은 어떤 신념을 갖고 있는가? 무엇이 당신을 나아갈 수 있게 해주는가? 당신의 인생의 목적은 무엇인가?

습관 3 소중한 것을 먼저 하라®

가상 중요한 일부터 먼저 한다. 그 일이 다른 중요하지 않은 일 사이에 파묻히게 하면 안 된다.

우리는 두 가지 요소에 의해 시간을 사용하게 된다. 바로 긴급함(시간 압박을 느끼는 것)과 중요도(목표를 이루는 것)이다. 이 두 가지 요소를 매트릭스로 나타내면 네 개의 사분면이 생기게 된다.

1사분면은 긴급하고 중요한 일로 이루어져 있다. 예를 들면, 어떤 위기상황이 발생하거나, 마감 기한을 지키는 데 문제가 생기거나, 동료가 중요한 부탁을 한다. 만약 당신이 대부분의 시간을 1사분면의 일을 해결하는 데 사용한다면 필시 중압감과 스트레스에 시달리게 될 것이다.

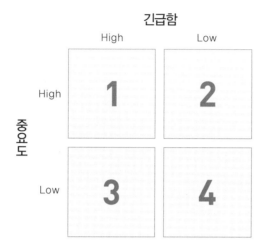

2사분면은 중요하지만 긴급하지 않은 일로 이루어져 있다. 예를 들면, 새로운 기회를 조사하거나, 스케줄을 짜거나, 관계를 맺고 관리하는 일이다. 2사분면의 일을 해결하는 데 많은 시간을 할애하는 것이 가장 이상적이다.

3사분면은 긴급하지만 중요하지 않은 일로 이루어져 있다. 이것은 일과 시간을 방해하고 의미 있는 결과를 내지 않는다. 특별히 더 조심해야 하는 부분이기도 하다. 왜냐하면 모두 급한 일이기 때문에 시간을 많이 쓰게 만든다.

4사분면은 긴급하지도 중요하지도 않은 일로 이루어져 있다. 전화를 받거나, 이메일과 우편 확인이 그 예가 되겠다. 코비는 이런 일들을 줄이기만 해도 가장 효과적으로 시간을 절약할 수 있다고 강조한다.

시간을 잘 관리하는 요령은 2사분면의 일을 우선적으로 하고, 최소한 몇 주 전부터 그 일의 계획을 짜는 것이다. 이 일은 아직 긴급하지는 않지만 매우 중요하다. 그렇다고 다이어리를 빼곡히 적지는 않되, 매일 1사분면의 일을 해결할 수 있는 시간도 남겨두어야 한다.

대인관계 효과성 향상을 위한 세 가지 습관

코비의 첫 세 가지 습관은 자기관리에 관한 것이다. 그다음의 세 가지 습관은 다른 사람들과 효과적으로 협력하는 방법이다.

습관 4 윈-윈을 생각하라[R]

코비에 의하면, 경쟁의식 대신 서로 윈-윈하는 태도를 취할 때 상호 의존 mutual dependence 혹은 팀워크가 생겨난다고 한다. 경쟁은 시장에는 좋지만, 비즈니스 관계나 가족 간에는 좋지 않다.

코비는 비즈니스 협상에서도 이러한 태도를 취하도록 권한다. 만약 상호 의존 관계가 형성된다면, 쌍방이 이득을 볼 수 있는 거래를 하고 만약 그렇지 않다면 협상종결을 고려하도록 한다. 코비는 애초에 윈-윈 할 수 있는 거래가 아니면 하지 않는 것이 맞는다고 생각한다.

필자의 친척 중에 건설현장에서 오랫동안 일한 분이 있다. 그는 비효율적인 팀워크를 통해 많은 경험을 축적할 수 있었다고 한다. 그가 보기에 고용주는 승-패의 거래를 하려 했던 것 같다고 했다. 최소한의 임금으로 최대한의 노동력을 건설업자에게서 끌어내려 했기 때문이다. 결국 대부분은 패-패

상황에 그치게 됐고, 건설업자들은 항상 예상보다 많은 일을 해야 하기 때문에 사소하지만 필연적인 가외활동에 큰 금액을 청구하게 됐다.

습관 5 먼저 이해하고 다음에 이해시켜라®

코비는 북미 원주민이 회의를 할 때 사용하던 발언 막대기talking stick에 대한 이야기를 좋아한다. 이것은 다섯 번째 습관을 잘 설명해주기도 한다. 발언 막대기를 들고 있는 사람은 이야기를 끝낼 때까지 아무 방해도 받지 않고 말할 수 있고, 사람들은 조용히 귀 기울여 듣는다. 만약 다른 사람이 발표하고자 한다면, 이전 발표자가 한 말을 반복해서 낭독한 다음에 말할 수 있다. 전 발표자는 그 요약에 만족하면 발언 막대기를 넘겨준다. 그 전에는 어떤 발언도 불가능하다.

코비는 사람들이 다투는 이유는 대부분 잘못된 의사소통 때문이라고 생각한다. 특히 우리는 다른 사람의 말을 진정으로 공감하며 듣지 않고 곧바로 자기주장을 고집한다.

다른 사람이 먼저 이야기할 수 있게 해주는 것에는 용기와 그 사람에 대한 관심이 필요하다. 하지만 한 가지 장점은 그 행동이 우리 영향력 안에 있다는 것이다. 우리는 항상 다른 사람을 대하는 방법을 선택할 수 있다.

습관 6 시너지를 내라®

코비는 다름을 인정하고, 더 좋은 결과를 위해 그것을 활용하라고 가르친다. 협상을 할 때, 무능한 사람은 한 가지 입장을 고수하고 오랜 실랑이 끝에 겨우 타협에 이른다. 유능한 사람은 그 사람이 어떤 동기를 갖고 주장을 펼치는지를 이해하고 쌍방이 만족할 만한 해결책을 제시한다. 나중에 내놓은 책, 《스티븐 코비의 마지막 습관The 3rd Alternative》(김영사)에서 코비는 시너지를 내기 위한 4단계를 소개한다.

1. 상대방에게 이렇게 묻는다. 당신은 우리가 갖고 있는 어느 한쪽의 대안보다 나은 해결책을 찾을 준비가 되어 있는가?
2. 그렇다면 그 해결책이 만족시켜야 할 기준을 같이 정해본다.
3. 제3의 대안을 여러 가지 만들고 알아본다. 프로토타입을 만들어보고, 브레인 스토밍을 해보고, 여러 대안을 가지고 실험을 해본다.
4. 시너지를 낸다는 것은 갈등을 해결하고 새로운 돌파구를 찾는 고무적인 경험을 하는 것이다.

쇄신하는 것과 8번째 습관

코비의 일곱 번째 습관과 여덟 번째 습관은 주기적으로 당신의 사명을 재발견하고 재생시키는 것이다.

습관 7 끊임없이 쇄신하라[8]

심신의 정기적인 쇄신은 다른 여섯 개의 습관을 개발하는 데 도움을 줄 것이라고 코비는 말한다. 일곱 번째 습관의 제목은 어느 일화에서 유래한다. 한 남자가 숲 속을 걷다가 벌목꾼을 만났다. 벌목꾼은 나무를 톱질하고 있었는데, 전혀 진전을 보이고 있지 않았다. 남자가 물었다. "왜 톱날을 갈지 않나요?" "시간이 없어요, 시간이"라고 벌목꾼이 대답한다. "제가 잘라야 하는 나무가 얼마나 많은지 안 보이세요?"

코비는 우리가 신체적으로, 사회감정적으로, 정신적으로 그리고 영적으로, 이 네 가지 영역에서 끊임없이 쇄신해야 한다고 당부한다.

- 신체적 쇄신은 운동, 식사와 휴식을 말한다.
- 사회감정적 쇄신은 자신감, 관계, 섬김과 이해를 말한다.
- 정신적 쇄신은 읽고, 쓰고, 공부하고, 계획하는 것을 말한다.
- 영적 쇄신은 우리에게 가장 중요한 목표에 집중하고, 예술을 즐기고, 영성과 명상을 위해 시간을 갖는 것을 말한다.

습관 8 효과성에서 위대함으로

《성공하는 사람들의 7가지 습관》을 집필한 뒤로부터 15년 후, 코비는 《8번째 습관The 8th Habit》을 출판했다. 그리고 그 이유를 효과적인 리더십 위에는 위대함, 탁월함 그리고 영감이 있어야 하기 때문이라고 했다. 이러한 자질을 갖추기 위해 우리는 자신과 사람들이 가진 잠재력을 모두 끌어내야만 한다. 그것이 여덟 번째 습관이다. 당신의 내면의 소리, 즉 당신의 사명을 찾고, 다른 사람들도 그것을 찾을 수 있도록 영감을 주어야 한다.

도대체 내면의 소리가 무엇이고 어떻게 찾는지 궁금한가? 이 책에서 코비는 네 개의 겹쳐진 원으로 이루어진 간단한 모델을 제시한다.

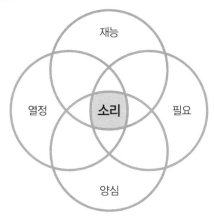

- 첫 번째 원은 당신의 재능을 나타낸다. 당신이 잘할 수 있는 일과 당신의 장점은 무엇인가?
- 두 번째 원은 열정을 나타낸다. 무엇이 당신에게 영감을 주는가?
- 세 번째 원은 다른 사람들의 필요를 나타낸다. 사람들이 무엇을 필요로 하는가?
- 네 번째 원은 당신의 양심을 나타낸다. 무엇이 옳은 일인가?

이 네 개의 원이 만나는 지점에서 당신의 내면의 소리를 찾을 수 있다. 당신의 재능, 열정, 사람들의 필요와 당신의 양심이 만나는 교차로에서 당신의 내면의 소리를 찾을 수 있는 것이다.

여덟 번째 습관은 당신의 내면의 소리를 찾는 것에 그치지 않는다. 사람들이 그들의 내면의 소리를 찾을 수 있게 도와줄 수 있어야 한다. 코비는 많은 직장인이 그들이 일하는 조직에서 자기 재능과 능력을 펼칠 기회를 주지 않기 때문에 억눌려 있다고 생각한다. 만약 리더들이 여덟 번째 습관을 익힌다면, 그들은 새로운 기회의 원천을 확보하는 동시에 직원들에게 굉장한 동기부여를 할 수 있을 것이다.

로버트 퀸
리더십에 대한 상반되는 아이디어

조직의 효율성은
리더의 효율성으로부터 시작된다.
로버트 퀸

◇◇◇◇◇◇◇◇◇◇◇◇◇◇◇◇◇◇◇◇◇◇◇◇◇◇◇◇◇◇◇◇◇◇

로버트 퀸Robert Quinn(1946~)은 교수이자, 연구자이며 경영서 저자이다. 그는 유타 주에 있는 브리검 영 내학에서 사회학을 공부했고 스티븐 코비와 마찬가지로 모르몬 교회의 일원이다. 그리고 역시 코비처럼 자신의 책에서 개인의 변화와 도덕적 선택을 강조한다.

퀸은 오하이오 주에 있는 신시내티 대학에서 조직행동론으로 박사 학위를 받았다. 그는 현재 미시간 대학 경영대학에서 경영학을 가르치고 있다. 그의 연구는 리더십, 비전과 변화에 초점을 맞춘다.

이번 장은 퀸의 '경쟁가치 모형Competing Values Framework'을 다룬다. 이 모형은 20세기의 주요 경영 모델 네 가지를 설명하고 그것을 활용하는 방법을 알려준다. 퀸은 당신이 경영자로서 여러 가지 경영 모델을 업무에 활용할 수 있을지 알고 싶어 했다.

합리적 목표와 내부과정

20세기 초 과학적 관리법Scientific Management의 개념을 정립한 프레더릭 테일러의 아이디어가 급속히 우세해졌다. 테일러는 먼저 각 근로자의 행동을 분석하고 집중 개선한다면 공장의 생산성이 크게 향상될 수 있다고 했다. 테일러의 추종자들이 스톱워치를 들고 각 생산공정 활동 시간을 잰다는 것을 들어봤을 것이다.

헨리 포드는 테일러의 아이디어를 실천한 사람들 중 한 명이다. 1913년 포드의 공장에 도입된 컨베이어 벨트가 바로 그 결과이다. 이것은 포드가 생산 시간과 자동차 가격을 급격히 감축시킨 비결이었다. 그 전까지 차 한 대를 조립하는 데 드는 시간은 약 728분(약 12시간)이었다. 하지만 컨베이어 벨트가 도입되자 작업 시간이 고작 93분(약 1.5시간) 걸렸다. 생산시간을 여덟 배나 감축시킨 것이다. 효율성 향상으로 포드는 노동자에게 더 높은 급여를 줄 수 있었고, 모델 T의 가격 또한 1908년 950달러이던 것을 1927년에는 290달러로 더 싸게 팔 수 있었다. 궁극적으로 미국의 초기 자동차 시장에서 모델 T의 시장점유율은 50%를 웃돌았다.

퀸은 테일러와 포드의 접근 방법을 '합리적 목표 모델Rational Goal Model'이라고 부른다. 이 모델의 주안점은 비즈니스는 생산성과 이윤이 전부라는 것이다. 기업의 목표와 사람들에게서 기대되는 행동을 정확하게 전달함으로써 높은 생산성과 이윤을 얻을 수 있다.

두 번째 경영 모델 역시 20세기 초에 나왔다. 그는 이것을 '내적 과정 모델 Internal Process Model'이라고 불렀다. 막스 베버와 앙리 파욜 같은 유럽 경영사상 가들도 그들의 관료조직과 산업조직에 관한 책에서 이 모델을 아주 잘 설명 해놓았다.

이 두 번째 모델에서는 규칙, 구조 및 규칙적인 일과가 경영 방식을 좌우한다. 하지만 이 접근 방법은 자주 비판의 대상이 되었고, '관료주의'는 부정적인 의미의 단어가 되어버렸다. 그러나 20세기 초에는 당시 지배적이었던 경영 방식과 비교했을 때 매우 신선하고 예측할 수 없었던 방법이었다. 예를 들면, 당시에는 그 사람의 신분이 승진에 큰 역할을 했는데 내적 관리 모델은 조직의 안정성과 지속성에 초점을 맞추었다. 이 모델의 기본 사상은 규칙적인 일과와 절차가 조직의 안정성과 지속성을 도모할 수 있다는 것이었다.

인간관계와 개방체계

퀸에 의하면, 세 번째 모델은 1925년과 1950년 사이에 만들어졌다고 한다. 경영자들은 직원들에게 단순히 일과 규칙을 명령하는 것으로는 부족하다는 것을 점점 깨닫고 있었다. 근로자들은 점점 목소리를 높여 처우 개선을 요구했다. 인간관계와 대인 상호 작용은 경영에 중요한 요소가 되었다.

이 모델을 설립한 사람들 중 한 명이 엘턴 메이오였다. 1920년대 중반부터 메이오와 그의 직원들은 시카고에 있는 웨스턴 일렉트릭Western Electric 회사 소속의 호손Hawthorne 공장에서 조명의 밝기와 작업 생산성 사이의 연관성을 알아내고자 실험을 했다. 이 공장에서는 전화 장비를 생산했다. 연구자들은 수년간의 실험 끝에 결국 작업 생산성은 조명의 밝기나 기술적인 요인과는 크게 연관성이 없고, 오히려 사회적인 요인과 더 큰 연관성이 있다고 결론을 내렸다. 근로자의 사회적 환경에 집중하자 호손 공장의 작업 생산성을 신장시킬 수 있었다.

퀸은 이 세 번째 모델을 '인간관계 모델Human Relations Model'이라고 부른다. 이 모델은 근로자가 동기부여를 받고 헌신하는 것에 초점을 맞춘다. 예를 들면, 관리자들이 근로자와의 논의와 합의를 통해 증진시킬 수 있다. 앞에서 소개한 드러커와 코비도 인간관계운동의 전형적인 지지자였다.

마지막으로 네 번째 20세기 주요 경영 모델인 '개방체계 모델Open System Model'은 1950년대 이후에 나왔다. 이 모델은 기업이 예측할 수 없고 복잡한 환경에서 경쟁해야 한다는 점에 주안점을 둔다. 자원과 인적자원을 조직 밖에서 획득하기 위해 사람들은 지속적으로 시장 환경에 적응하고, 창조와 혁신에 집중해야 한다.

예를 들어 1950년대 이후, 미국의 기업들은 역사상 처음으로 일본과 외국 업체들과의 격심한 경쟁과 마주했다. 이 시기는 굉장한 기술의 진보로 점철되기도 했다. 대체로 기업들은 소비자가 원하는 것과 경쟁사들이 하는 일을 알아내기 위해 외부적인 요인에 집중해야 했다. 나중에 소개할 헨리 민츠버그와 톰 피터스는 이 접근법을 대표하는 경영사상가이다.

해법: 리더십 역할의 절충

퀸의 모델을 읽으면서 이런 생각이 들었을 것이다. "다 좋은데, 네 가지 리더십 중에 어떤 것이 가장 효과적이라는 거지?" 퀸은 그것이 잘못된 질문이라고 지적한다. 그것의 해법은 각 네 가지 모델의 장단점을 파악하고, 당신의 리더십에 번갈아 가며 사용하는 것이다.

퀸이 900명의 미국 CEO를 대상으로 한 연구에 의하면, 여러 가지 경영모델을 활용했을 때, 그리고 여러 가지 리더십 역할을 수행했을 때 사업 성과 향상에 직접적인 영향을 준다고 한다.

네 개의 모델은 서로 부분적으로 상반되기 때문에 경쟁가치competing values 라고 이름을 붙였다. 그는 네 개의 모델을 간단한 두 개의 차원에서 비교한

경쟁가치 모형Competing Values Framework

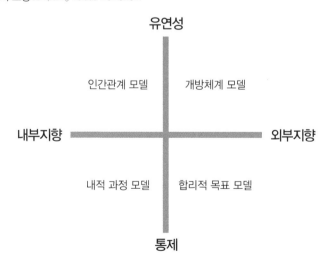

다. 첫 번째 차원인 수직축은 유연성과 통제를 나타내고, 두 번째 차원인 수평축은 내부지향과 외부지향을 나타낸다. 각 모델에서 퀸은 두 가지 다른 역할을 구분 짓는다.

1. 합리적 목표 모델은 통제와 외부지향이 결합되어 있다. 생산자와 관리자의 역할이 합리적 목표 모델과 부합한다.
   - 생산자producer는 과업 지향적이고, 생산을 직접적으로 하며 생산목표에 반드시 도달할 수 있도록 한다.
   - 관리자director는 비전과 계획과 목표가 있다. 그는 사람들에게 기대 성과를 전달하고, 명령하며, 조직 편성과 작업을 할당하는 역할을 한다.

2. 내적 과정 모델은 통제와 내부지향이 결합되어 있다. 이에 상응하는 관리 역할은 조정자와 감시자이다.
   - 조정자coordinator는 좋은 프로젝트 매니저이다. 그는 명확한 업무 계획을 짤 수 있고 여러 가지 작업을 함께 수행할 수 있다.
   - 감시자monitor는 회사에서 무슨 일이 일어나는지 알고 있다. 그는 모든 업무를 감시하고 분석하고 기록한다.

3. 인간관계 모델은 유연성과 내부지향이 결합되어 있다. 촉진자와 멘토가 이 모델에 가장 적합한 역할이다.
   - 촉진자facilitator는 상호 신뢰를 도모하고, 협력을 이끌어내고, 팀을 만들며, 참여의사결정을 활용하여 사람들 간의 갈등을 해소시킨다.

- 멘토mentor는 부하직원의 역량을 개발하는 데 집중한다. 그는 사람들이 어떻게 일하는지 이해하고, 효과적인 의사전달을 하며, 다가가기 쉽고 믿음직스럽다. 그에게 가장 중요한 것은 사람들로 하여금 자기 한계를 뛰어넘을 수 있게 하는 것이다.

4. 개방체계 모델은 유연성과 외부지향이 결합되어 있다. 이 모델 역시 두 가지 역할로 대변된다. 혁신가와 브로커이다.
   - 혁신가innovator는 비전이 있는 사람으로 시장의 니즈를 파악하여 창조적인 사고를 통해 이에 대처한다.
   - 브로커broker는 조직과 외부 세상과의 관계에 특별히 신경 쓴다. 그에게는 이미지, 프레젠테이션과 명성이 가장 중요하다.

이렇듯 네 가지 모델과 여덟 가지 역할이 있다. 하지만 현실에서 우리는 한 가지 모델 또는 한 가지 역할에만 치중한다. 만약 우리가 한 가지 역할밖에 보지 못하고 다른 역할을 놓친다면, 리더로서의 역량을 축소시키는 결과를 가져오게 된다. 퀸은 우리가 스스로를 성찰하고, 다양한 문제와 상황에는 다양한 접근법이 필요하다는 것을 인식해야 한다고 충고한다. 집중훈련을 하면 익숙한 역할과 반응 방식에서 벗어날 수 있다. "이 상황에는 어떤 유형의 리더십이 필요한가?"를 스스로에게 꾸준히 상기시켜야 한다.

켄 블랜차드
사람들에게 정말 필요한 것

리더십은 대의를 위해 사람들과 조직의
잠재력과 능력을 끌어내는 능력이다.

켄 블랜차드

켄 블랜차드^{Ken Blanchard}(1939~)는 복잡한 문제를 쉽고 재미있게 설명하는 특별한 능력이 있다. 그는 《1분 경영^{The One Minute Manager}》, 《열광하는 팬^{Raving Fans}》과 《겅호^{Gung Ho}》(21세기북스) 등 수많은 베스트셀러의 저자이다. 블랜차드는 코넬 대학에서 정치철학 학사 학위를 받았으며, 콜게이트 대학에서 사회학과 상담심리학 석사를 하고 코넬 대학에서 교육행정 박사 학위를 받았다.

그는 미국 해군 장교였던 아버지에게서 처음 리더십을 배웠다. 중학생인 그가 학급 대표로 선발되었을 때 아버지는 이렇게 말했다. "켄, 이제 학급 대표가 되었다고 네 자리를 이용하지 말거라. 위대한 리더는 사람들이 존경하고 신뢰하기 때문에 위대한 것이지, 그들이 가진 힘 때문이 아니란다." 블랜차드는 50권 이상의 책을 집필했고 셀 수 없이 많은 세미나를 주최했다. 그는 아내 마지^{Margie}와 함께 리더십 개발 회사를 설립했다. 이 회사는 30개국에 지사가 있는 글로벌 기업이 되었다.

상황대응 리더십® Ⅱ

폴 허시와 블랜차드는 1960년대 후반에 상황대응 리더십®을 개발하여 그들이 만든 《조직행동의 관리Management of Organizational Behavior: Utilizing Resources》 교재에 상세하게 설명해놓았다. 1980년대 초에 블랜차드와 켄 블랜차드 기업의 설립 멤버들은 이 모델에서 몇 가지를 수정했다. 변경된 내용은 그들 자신의 경험과 경영자들이 들려준 아이디어와 직접 진행한 여러 연구의 결과를 반영한 것이었다. 그 결과 새로운 상황대응 리더십®이 탄생했고, 이것을 상황대응 리더십® Ⅱ 또는 줄여서 SL Ⅱ®라고 불렀다. 블랜차드는 다년간의 숙고 끝에 상황내응 리더십® Ⅱ 모델을 정제하고 내용을 갱신했다.

상황대응 리더십® Ⅱ의 주안점은 모든 상황에 들어맞는 최고의 리더십은 없다는 것이다. 상황마다 각 리더십 스타일이 발휘할 수 있는 효과가 다르다는 뜻이다. 본질적으로 이 생각은 이전 장에서 살펴본 로버트 퀸의 생각과 일맥상통한다. 그렇지만 블랜차드는 리더와 직원과의 관계를 강조했다는 점이 다르다. 리더는 사람들이 필요로 하는 것을 파악하고 대응할 줄 알아야 한다. '다른 사람에게 다른 방법'을 쓰는 것만 강조하는 것이 아니라 '같은 사람이라도 업무에 따라 다른 방법'을 써야 한다고 강조한다. 블랜차드의 명언 중에 이런 말이 있다. "다른 사람들에게 동일한 대우를 하는 것만큼 불평등한 일도 없다."

상황대응 리더십® II 의 또 다른 핵심 아이디어는 사람들이 새로운 업무 또는 책임이 주어졌을 때, 여러 단계의 발달과정을 거친다는 것이다. 직원의 성숙도에 따라 다른 스타일의 리더십이 요구된다. SL II®는 네 가지 유형의 리더십 스타일(S1에서 S4까지)과 이에 대응하는 직원들의 네 개의 발달 단계(D1에서 D4까지)를 보여준다.

발달 1단계(D1): 열정적인 초보자enthusiastic beginner는 능력은 낮지만 의욕이 높다. 이런 사람은 배움에 대한 열의로 가득 차 있고 긍정적이지만 이제 막 걸음마를 시작하는 단계에 있다.

리더십 스타일1(S1): 지시형directing 리더십. 과업지향적이고 구체적인 지시를 내리며, 개인적인 관심과 지원은 적다. 일하는 방법과 단계별로 계획을 짜주고 직원들이 업무를 처리할 수 있도록 도와준다.

발달 2단계(D2): 좌절한 학습자disillusioned learner는 능력 수준도 낮고 의욕이 덜하다. 이 단계의 사람은 현실은 모순으로 가득하고 업무와 현실 세계는 이론보다 힘들다는 것을 깨닫는다. 결과적으로 자신감이 흔들린다.

리더십 스타일2(S2): 지도형coaching 리더십. 이 접근 방법은 지시와 지원의 수준이 높다. 여러 가지로 개입해서 교정하고 자신감을 북돋워 준다.

발달 3단계(D3): 능력은 있지만 조심스러운 업무수행자^{capable but cautious performer}는 적당하거나 높은 수준의 능력을 갖추었고 의욕은 가변적이다. 업무수행 능력이 발전하고 있고, 더 이상 지시가 필요하지 않다. 하지만 여전히 자신감이 부족하다.

리더십 스타일3(S3): 지원형^{supporting} 리더십. 이 접근 방법은 지시 수준이 낮고 지원 수준이 높다. 관심을 갖고, 경청해주고, 용기를 주며 피드백을 해준다.

상황대응 리더십® Ⅱ Situational Leadership Ⅱ

발달 4단계(D4): 자기주도적 성취자self-reliant achiever는 능력도 높고 의욕도 많다. 완전히 성장한 직원으로 독립적으로 일하며 다른 사람들에게 귀감이 된다.

리더십 스타일4(S4): 위임형delegating 리더십. 이 접근 방법은 지시 수준도 낮고, 지원 수준도 낮다. 통제권 안에서 구성원들이 의사결정을 내릴 자유를 준다. 그들의 업적을 치하해주고 좋은 성과를 내기 위한 자원을 조달해준다. 그들이 계속 성장할 수 있도록 도전할 과제를 준다.

한 사람이 어떤 분야에서는 자기주도적 성취자일 수 있지만, 다른 분야에서는 열정적인 초심자일 수 있다. 예를 들면, 내부 활동을 다년간 수행한 회계사가 관계 관리와 고객을 유치할 책임이 있는 새로운 직무를 맡게 되었다. 그는 이 두 가지 분야에서는 경험이 전무했다.

상황대응 리더가 되는 데는 세 가지 기술이 있다. 목표 설정(goal setting: 좋은 성과는 명확한 목표에서 시작), 진단(diagnosis: 각 목표의 발달 단계를 판단), 그리고 매칭(matching: 각 목표에 적합한 리더십을 적용)이다. 블랜차드 기업에서 한 가지 흥미로운 연구 결과를 발표했다. 평균적으로 직원의 15%만이 특정 업무를 수행하는 자기주도적 성취자(D4)이지만, 83%가 S4 유형의 위임형 지도를 받는다는 것이다. 결과적으로 많은 사람들이 버려지고 방치되었다고 느낀다. 사람들의 필요에 따라 다른 리더십을 발휘하면 많은 것을 얻게 된다는 뜻이다.

1분 경영

몇 년 전, 필자는 임시 경영 분야의 전문가와 대화를 나누었는데 그에게 어떤 접근법을 사용하는지 물어보았다. "실은 20년 동안 이 작은 책 하나를 봐왔습니다. 켄 블랜차드와 스펜서 존슨의 《1분 경영》이라는 책이죠." 그는 조금 창피해했다. '1분' 접근법은 많은 사람에게 단순하다고 여겨져왔기 때문이다. 하지만 그는 경험을 통해 '단순한' 접근 방법이 실제로 훨씬 효과적이라는 것을 알게 되었다. 1분 경영은 세 단계로 이루어져 있다.

1. 1분 목표 설정

경영자가 직원과 서로 합의하여 명확한 목표를 설정한다. 이 목표는 실현 가능하고 구체적이어야 한다. 업무 목표는 행동에 관한 것이어야 한다. 의견과 감정은 배제되고 해야 할 일만을 말한다. 각 목표를 다른 종이에 250자 내외로 적도록 직원에게 지시한다. 최대 세 개에서 다섯 개의 핵심 목표를 설정한다.

직원 전원이 개인의 목표를 주기적으로 읽을 수 있도록 한다. 이것은 1분 내외면 충분하다.

2. 1분 칭찬

목표 설정을 할 때, 직원들에게 명확한 피드백을 주겠다고 합의한다. 만약 직원이 목표에 기여하는 활동을 한다면 1분간 칭찬을 해준다. 기다리지 말고, 그 자리에서 즉각 이행한다. 칭찬할 행동이 무엇인지 구체적으로 말하고, 당신이 어떤 기분을 느끼는지, 왜 그 행동이 조직에 좋은 일인지 설명한다. 그리고 그들이 당신의 말을 이해할 수 있도록 잠시 시간을 준다. 칭찬하는 습관을 들이도록 한다.

블랜차드는 만약 지난 수년간 그가 해온 조언 가운데 꼭 필요한 한 가지를 고르자면, 다른 사람이 업무를 제대로 한 순간을 포착하고, 그들의 성과를 치하해주는 일이라고 했다.

3. 1분 질책

직원들에게 미리 피드백을 주겠다고 합의한다는 원칙은 여기에도 적용된다. 만약 어떤 사람이 조직에 도움이 안 되는 행동을 하는 것을 본다면, 1분간 그 행동에 대해 얘기하라고 한다. 만약 그 사람이 업무에 미숙하다면, 그들의 노력이 합의한 목표를 향할 수 있도록 재조정한다. 만약 어느 정도 숙달되어 있는 상태이고 '하지 못하는 상태'가 아닌 '안 하는 상태'라면, 질책을 해야 마땅하다. 질책을 할 때는 간결하고 명확해야 한다. 그 행동에 대해 어떻게 느끼는지 말한 다음 잠시 그 행동에 대해 반성할 시간을 준다. 그런 다음 당신이 그 직원을 아낀다는 것을 상기시키고 업무로 돌아가게 한다. 그리고 가장 중요한 것은 그 상황을 다시 언급하지 않는 것이다. 블랜차드와 존슨의 관점에서, 신속하고 명확한 피드백은 필수적이고 감정적인 부분을 피해서는 안 된다고 생각한다.

볼링 레인의 중앙에 큰 천이 드리워져 있다고 상상해보라. 끝까지 드리워져 있지는 않고, 공이 지나갈 수 있을 정도의 높이로 내려와 있다. 때때로 당신이 던진 공이 천 뒤의 무언가에 맞는 소리가 들리지만 무슨 일이 일어나는지는 알 수 없다. 이것은 많은 기업에서 업무를 처리하는 방식과 똑같다. 많은 사람이 자신이 처리한 업무의 결과를 알 수 없다. 경영자에게서 아무런 피드백을 받지 못하고, 동료에게서도 어떤 말도 듣지 못하고, 실제 고객과 만나본 적도 없다. 그래서 자기가 편한 방식으로만 일을 하게 된다. 그들은 자신이 던진 공이 핀을 맞히는지조차 모른다. 경영자의 역할은 가려진 천을 걷어내는 것이라고 블랜차드와 존슨은 주장한다.

블랜차드가 말하는 리더십에 관한 팁

《경호》는 블랜차드가 쉘든 볼즈와 함께 쓴 또 다른 베스트셀러이다. 성과가 좋은 단 한 부서만 제외하고 성과가 저조한 공장에 관한 내용이다. 성공적인 부서의 경영자는 경호 방식을 적용한다. 사람들이 경호, 즉 열정을 느끼는 데 필요한 요소는 세 가지이다. 업무에 가치를 부여하고, 직원이 스스로 목표를 정하게 한 다음, 서로 격려하게 하는 것이다.

1. 업무에 가치부여를 하는 방법은 직원들이 사회에 기여를 하고, 그들과 공동의 목표를 갖고 있으며, 명확한 규범과 가치 안에서 행동하는 것이다. 규범과 가치는 훌륭하지만, 그것이 실제로 효과가 있으려면 몇 가지 핵심 목표에 초점을 맞추어야 한다. 그리고 이 목표를 중요도로 순위를 매긴다. 두 개의 조직 가치가 '고객 만족'과 '정직함'이라고 가정해보

자. 특별한 이유 없이 고객이 화가 났다면 어떻게 하겠는가? 어떤 가치를 적용하겠는가? 조직 가치를 형성하는 데 중요한 것은 조직의 가치가 조직원의 가치와 일치해야 한다는 것이다. 왜냐하면 사람들이 중요하게 생각하는 것은 쉽게 변하지 않기 때문이다. 이렇게 함으로써 여러 가지 문제를 피할 수 있다.

2. 구성원들이 각자 목표 설정을 할 때, 경영자는 그들에게 명확한 경계선을 제시해야 한다. 예를 들면, 어느 정도의 금액까지는 그들이 자유롭게 의사결정을 할 수 있도록 선택권을 열어두는 것이다. 또는 운영에 관한 의사결정은 승인할 수 있어도 전략 의사결정은 승인하지 않는다. 구성원들이 직무시간을 유연하게 결정할 수 있도록 하지만, 모든 팀원이 합의하고 고객이 피해를 입지 않는다는 전제 조건하에 용인한다. 만약 정해진 규범 안에서 사람들이 각자 바라는 것이 있다면, 그것을 진지하게 고려해보아야 한다. 그들의 입장에서 무엇이 현실적인가? 어떻게 하면 목표를 도전적이지만 실현 가능하도록 만들까?

3. 마지막으로, 블랜차드와 볼즈는 서로 격려하라고 당부한다. 만약 어떤 사람이 업무를 제대로 수행하면, 곧바로 마음에서 우러나온 칭찬을 하도록 한다. 최종 결과뿐만이 아니라 과정을 격려하는 것도 굉장히 중요하다.

필자는 블랜차드와 몇 번 같이 작업하는 영광을 누렸다. 그는 재미있고

정이 많은 사람으로 이야기하는 것을 좋아한다. 다른 사람들이 그의 능력을 과소평가하게 되는 실수를 하게 만드는 성격이기도 하다. 그러나 그의 작업은 그가 정확하게 일을 파악하고 있다는 것을 보여준다. 블랜차드는 읽기 쉬운 대중적인 베스트셀러 외에도 몇 권의 깊이 있고 심오한 책을 썼다. 예를 들면, 《상황대응 리더십 Ⅱ 바이블Leading at a Higher Level》(21세기북스)에 수년간 동료들과 함께 이룬 핵심 연구를 요약해놓았다.

리더십에 대한
다른 고무적인 관점

리더십은 비전을 현실로 만드는 능력이다.

워렌 베니스

드러커, 코비, 퀸과 블랜차드 외에 몇 명의 영감을 주는 경영사상가를 소개하려고 한다. 그들의 아이디어만 알아보고 세부사항은 생략하도록 하겠다.

이 경영사상가들이 리더십에 대해 각자 독특한 관점을 갖고 있다는 것을 알게 될 것이다. 하지만 본질적으로는 그들의 관점에도 우리가 이미 살펴본 다른 경영사상가들의 관점과 일치하는 부분이 있다. 리더십은 자신과 다른 사람들이 자기 한계를 뛰어넘을 수 있도록 하는 것이라고 그들 모두가 동의한다. 공식적인 지도자의 지위로 리더십을 발휘할 수도 있지만, 동료로서 그리고 고문으로서도 리더십을 발휘할 수 있다.

워렌 베니스: 리더가 되는 법

워렌 베니스(1925~2014)는 교육자이자 미래학자이고, 행정가이며 미국 대통령의 고문을 지낸 사람이다. 그는 아흔 명의 미국 유명 인사들의 리더십을 분석하는 작업도 했는데 우주 비행사 닐 암스트롱부터 맥도날드의 임원 레이 크록까지 다양한 사람을 분석했다. 베니스는 그의 연구에서 리더십에 관한 다섯 가지 오해를 풀어준다.

1. 리더십은 드문 능력이다? 잘못된 오해이다. 리더십은 여러 형태로 나타나고 모든 사람이 갖출 수 있는 자질이다.
2. 리더는 타고나는 것이다? 사실이 아니다. 많은 사람의 믿음과는 반대로 리더십은 배울 수 있고 개발할 수 있는 것이다.
3. 리더는 카리스마가 있어야 한다? 이것도 사실이 아니다. 리더는 온갖 모양과 크기로 나온다. 원형의 모범적인 리더란 존재하지 않는다.
4. 리더는 '정상^top'에만 존재한다? 틀린 말이다. 리더는 모든 조직 단계에 존재한다.
5. 리더는 모든 것을 통제하고 조종한다? 역시 틀린 말이다. 리더는 사람들이 협력하여 중요한 목표를 이룰 수 있게 한다.

베니스는 굉장히 다양한 리더들을 연구했지만, 그들은 네 가지 공통된 능력을 갖추고 있다.

1. 관심의 관리management of attention. 모든 리더는 그들이 약속한 계획과 비전이 있다. 이것은 추종자를 모으고 동원할 때 사용한다.

2. 가치의 관리management of meaning. 비전은 다른 사람들에게 전달될 수 있는 가치여야만 한다. 어떤 리더는 비전을 전달하기 위해 모델을 사용하고, 또 어떤 리더는 비유와 이야기를 사용한다. 하지만 그들은 모두 추종자가 세상을 긍정적으로 바라볼 수 있게 해준다.

3. 신뢰의 관리management of trust. 베니스는 신뢰가 리더와 추종자를 함께 묶어주는 접착제 역할을 한다고 강조한다. 신뢰를 얻으려면, 리더는 일관적이고 비전을 실현하는 데 충실해야 한다.

4. 자기 관리management of self. 리더는 끊임없이 자기개발을 한다. 그들은 모든 것에서 배운다. 특히 실패를 통해 크게 배운다. 리더는 다른 사람이 인정해주거나 알아봐주지 않는다 하더라도 업무를 잘 수행할 수 있다.

베니스의 책 중에 가장 잘 알려진 《워렌 베니스의 리더On Becoming a Leader》 (김영사)에서 그는 다음과 같은 질문을 다룬다. 어떻게 하면 리더가 될 수 있는가? 어떻게 리더십을 개발할 수 있는가? 여기 몇 가지 핵심 포인트를 소개하겠다.

- 리더십은 배울 수 있다. 베니스는 리더는 타고나는 것이 아니라 스스로의 행동을 통해 만들어지는 것이라고 했다. 따라서 리더로서 자기 행동에 책임을 져야 한다.
- 리더는 끊임없이 배운다. 비록 베니스는 리더십이 습득 가능하다고 했지만,

지나치게 낙관적이지는 않다. 주말 리더십 프로그램을 듣는다고 해서 리더십이 생기지는 않는다. 베니스에 의하면 리더들의 공통점은 "그들은 일생에 걸쳐 배우고 성장한다. 이것은 리더십의 우수한 전통"이기도 하다.

- 리더십은 자기개발이다. 베니스는 갑작스레 의미 있는 리더십의 성장을 기대하지 말고 자기개발부터 시작하라고 당부한다. 리더십 개발은 자기개발에서 분리될 수 없다.
- 리더십은 경영과 다르다. 베니스는 이렇게 구분한다. "나는 리더와 경영자는 다르다고 생각한다. 왜냐하면 맥락을 주도하는 사람과 맥락에 굴복하는 사람은 다르기 때문이다. 경영자는 관리하고, 리더는 혁신한다. 경영자는 통제에 의존하고, 리더는 신뢰에 의존한다. 경영자는 어떻게how 그리고 언제when를 묻고, 리더는 무엇what과 왜why를 묻는다."

가장 많이 인용된 베니스의 말로 마무리를 대신한다. "경영자는 일을 올바로 처리하지만 리더는 올바른 일을 한다."

로버트 그린리프: 서번트 리더십

로버트 그린리프(1904~1990)는 《서번트 리더십Servant Leadership》이라는 책으로 유명하다. 그린리프는 AT&T 통신회사에서 수년간 일했고, 다트머스, MIT와 하버드대에서 강의했다. 그는 경영자들과 학생들에게 서번트 리더는 섬김을 최우선으로 여겨야 한다고 확고하게 가르쳤다.

서번트 리더는 먼저 그가 속한 공동체를 섬긴 다음에야 그 단체를 이끌 수 있다. 그린리프에 의하면 '먼저 섬기는' 유형의 사람은 힘과 돈에 눈이 먼 '먼저 앞장서는' 유형의 사람과 상이하다고 한다.

그린리프의 업적을 기리는 그린리프의 서번트리더십 센터에 의하면, 서번트 리더십은 네 가지 특징이 있다.

1. 첫째로, 서번트 리더십은 남들을 섬기는 것이다. 숨은 의도 없이 마음을 다해 섬긴다. 서번트 리더는 다른 사람이 목표를 달성하고 성장할 수 있도록 도와주는 것을 즐긴다. 다음 단계가 되어서야 그는 리더십을 개발하고 그것을 그의 1차 동기인 섬김을 수행하는 데 사용한다. 이들은 권력과 지위에 움직이는 리더와 대비된다. 권력과 지위에 움직이는 리더는 목표를 달성하기 위해 섬김의 태도를 취하거나 취하지 않을 수 있다.

2. 서번트 리더십은 '전인적 인격체whole person'로부터 나왔다. 그린리프는 사람이 업무를 위해 존재하는 만큼 업무는 사람을 위해 존재한다고 강조한다. 구성원을 존중하고 인격체로 대하며 그들이 생각대로 할 수 있게 해주어야 한다. 장기적으로 볼 때, 사람에 대한 전인적인 관점이 조직과 조직원에게 이득이 될 것이다.

3. 서번트 리더십은 공동체 의식을 증진시킨다. 공동체는 사람들이 서로에게 책임을 느낄 때만 형성된다. 그렇기 때문에 고용주는 직원이 업무에 불만을 느낄 때 해결책을 찾을 수 있도록 도와준다. 또 그래서 직원은 기업이 위기에 대처할 수 있도록 임금 삭감을 해야만 할 때도 고용주를 지지한다.

4. 서번트 리더십의 마지막 특징은 의사결정의 힘을 공유하는 것이다. 그린리프는 '정상의 외로운 리더' 유형을 지지하지 않는다. 의사결정에 대해 직원들과 대화가 부족하면 수준 낮은 결정을 하게 되고, 리더의 고독은 리더십을 흔든다. 서번트 리더는 직원이 자기 능력껏 의사결정에 도움을 줄 수 있도록 맥락을 형성한다.

서번트 리더십에 대한 그린리프의 생각은 많은 관리자와 리더에게 영감을 주었다. 자신의 섬김의 태도를 시험해보고 싶다면, 스스로 자문해보자. 직원들이 건강한 개인 성장을 보여주고 있는가? 그들이 나와 함께함으로써 더 건강해지고, 지혜로워졌으며, 자유롭고 자주적으로 바뀌었는가? 직원들 역시 서번트 리더가 될 수 있도록 도와주고 있는가?

짐 콜린스 : 5단계 리더

경영사상가 짐 콜린스(1958~)에 대해서는 4부에서 실행과 관련하여 더 상세하게 다룰 것이다. 그러나 그의 5단계 리더십level 5 leadership 역시 회자되는 이론이기 때문에, 먼저 살펴보도록 하겠다. 콜린스는 여러 가지 리더십 이론에 쉽게 감동받지 않는다. 그는 사람들이 리더십에 대해 너무 맹목적인 믿음을 가졌다고 생각한다. 만약 기업의 성공이 논리적으로 설명이 안 되면, 사람들은 너무 쉽게 '리더십'의 공으로 돌린다. 역설적으로, 만약 기업의 실패에 대해 설명하기 어려워도, 그것 역시 '리더십' 탓으로 돌린다. 그래서 그는 스스로를 '리더십 무신론자'라고 부른다.

그럼에도 불구하고 광범위한 연구를 통해 그는 좋은 기업을 넘어 위대한 기업으로 바뀌는 데 리더십이 중요한 역할을 한다는 것을 깨달았다. 그는 저서 《좋은 기업을 넘어 위대한 기업으로Good to Great》(김영사)에서 이 전환점을 드물고 특별하게 만드는 5단계 리더십에 대해 말한다. 콜린스는 사람들이 직장생활을 하면서 거치는 5단계의 성장과정을 구분한다.

1. 능력이 뛰어난 개인highly capable individual은 재능, 지식, 기술과 좋은 직업윤리를 가진다.
2. 기여하는 팀원contributing team member은 능력을 갖췄고 목표 달성을 돕는다.
3. 역량 있는 관리자competent manager는 사람들을 조직할 줄 알고, 올바른 목표를 효율적으로 추구한다.
4. 유능한 리더effective leader는 명확한 비전과 헌신으로 사람들이 높은 성과를 낼 수 있도록 북돋는다.
5. 5단계 경영자level 5 executive는 장기적 성공에 초점을 맞추고, 겸손하며 성공에 대한 의지가 강하다.

콜린스가 가장 좋아하는 '5단계 리더'는 다윈 스미스이다. 스미스는 1971년에 하기스와 클리넥스로 잘 알려진 킴벌리클라크의 CEO가 됐다. 그가 경영한 20년 동안, 킴벌리클라크는 시장 평균치보다 4.1배 높은 성과를 냈다. 이것은 프록터&갬블, HP, 3M, 제너럴 일렉트릭보다도 좋은 성과였다.

스미스는 지방 출신의 조용하고 겸손한 사람으로, 주간에 일하고 야간대학에서 법학을 공부했다. 그는 미디어와의 접촉을 피하고, 파티나 그와 같은 CEO들이 있는 사교모임에 가지 않는다. 그 대신 고향의 배관공이나 전기기사와 같은 일반인을 만난다.

스미스는 킴벌리클라크가 일반적인 벌크 제품보다는 소비시장을 위한 브랜드 제품을 만들어야 한다고 확신했다. 따라서 몇 개의 종이 공장을 매각하고 소비시장 개발에 모든 자금을 투자했다. 1976년 많은 사람의 충격 속에, 위스콘신 주 킴벌리 타운에 있는 종이 공장마저도 매각 처분해버렸다. 킴벌리 타운은 1889년에 킴벌리클라크를 설립한 존 킴벌리의 이름을 딴 도시이다.

스미스는 인간적인 겸손과 전문가의 투지라는 상반되는 미덕을 갖춘 전형적인 5단계 리더이다. 5단계 리더는 다른 사람들과 어떤 점이 다른가? 바로 '겸손'이라고 콜린스는 말한다. 5단계 경영자는 현실을 초월하는 비전을 가진 화려하고 카리스마 있는 사람들이 아니다. 그들은 성과 달성을 하는 과정에서 굉장히 질세된 행동을 한다. 그들은 큰 야망이 있지만, 그 야망은 개인의 성공보다는 기업의 성공에 초점을 맞춘다.

프레드 루선스: 진정한 경영자

프레드 루선스(1939~)는 조직 행동론과 리더십 분야에서 탁월한 인물이다. 그는 경력을 통틀어, 여러 분야를 연구하는 데 힘썼다. 그렇기 때문에 책을 읽으면서 그를 여러 번 마주치게 될 것이다. 루선스는 수십 년간 네브래

스카 대학에서 학생들을 가르쳤다. 경영학회[Academy of Management]의 연구자문위원회 회장이었으며, 셀 수 없이 많은 리더십과 조직행동 관련 위원회의 의장을 역임해왔다.

루선스의 가장 주목할 만한 저서는 《진정한 경영자[Real Mangers]》이다. 이 책은 루선스가 그의 연구팀과 함께 중견기업과 대기업의 다양한 리더를 연구한 결과이다. 루선스의 핵심 질문은 이러하다. "굉장한 커리어를 쌓는 사람과 기업에 가치 있는 성과를 낸 사람 사이에 차이점이 있는가?"

루선스와 그의 연구진은 먼저 관리작업의 분류를 위해 44명의 경영자를 관찰했다. 그리고 그들은 관리작업을 네 가지로 분류할 수 있었다.

1. 커뮤니케이션: 정보교환, 서류작업
2. 전통적인 경영: 계획수립, 의사결정, 실행감시
3. 네트워킹: 조직 외부 사람과의 소통, 내부 관계 유지
4. 인적자원관리: 동기부여, 자극, 교정, 갈등 해결, 조직 편성, 인적자원 개발

항목을 분류한 다음, 그들은 248명의 다른 경영자를 관찰했다. 이 경영자들의 행동은 매 시간 연구에 대한 정보가 없는 훈련된 관찰자들에 의해 꼼꼼하게 기록됐다. 이 조사는 20,000개의 측정자료를 축적했다. 연구 결과는 명백하다. 루선스는 성공적인 리더와 효과적인 리더의 차이점을 포착했다.

- 성공적인 경영자는 빠르게 커리어를 쌓는 사람들이다. 그는 대부분의 시간

을 내부와 외부 네트워킹에 할애하고, 인적자원관리에는 조금의 시간을 할
애한다.
- 효과적인 경영자는 좋은 성과를 내는 성취가로, 만족하고 헌신하는 구성원
과 함께한다. 그는 의사소통과 인적자원관리에 대부분의 시간을 할애하고,
네트워킹에는 적은 시간을 할애한다.

어떻게 하면 이 두 가지 성격을 결합할 수 있을 것인가? 리더는 성공적이
고 동시에 효과적일 수 있을까? 루선스의 연구 결과를 보면 그다지 희망적
이지는 않다. 고작 경영자의 10%만이 두 가지 능력을 겸비한다. 대부분은 성
공적이거나 또는 효과적이다.

루선스는 우리가 그의 연구 결과를 어떻게 활용하기를 바랄까? 그는 효과
적인 리더가 성공하기를 바란다. 경영자의 실제 성과를 보고, 그의 직원들이
어떻게 생각하는지 들어본 다음, 승진 여부를 결정한다.

데이비드 마이스터: 신뢰의 기술

데이비드 마이스터(1947~)는 영국에서 기업 고문의 자문으로 유명하다.
그의 저서 《신뢰의 기술The Trusted Advisor》(해냄출판사)은 컨설턴트에게는 거의
바이블과 같다. 기업 고문은 리더십 관점에서 흥미로운 사람들이다. 그들은
기업 내에서 공식적인 힘을 행사하지는 않는다. 그렇기 때문에 그들은 다른
방법으로 영향력을 미친다. 신뢰받는 기업 컨설턴트가 되기까지는 시간이

걸린다. 마이스터는 이것을 5단계로 분류한다.

1단계: 관여하기engage. 컨설턴트는 고객의 이야기를 들을 권리를 갖는다. 그러기 위해서는 먼저 신뢰를 얻어야 한다. 클라이언트가 필요로 하는 전문지식을 통해 합리적인 신뢰를 얻고, 지원과 헌신으로 정서적인 신뢰를 얻는다. 많은 클라이언트들이 외부 컨설턴트를 만날 때 불확실한 현실과 마주하고 있다. 그렇기 때문에 정서적인 신뢰를 간과해서는 안 된다.

2단계: 경청하기listen. 컨설턴트는 인정하고 확인하면서 경청하는 태도를 보인다. 이것은 클라이언트에게 자기 이야기가 제대로 전달됐다는 느낌을 주고, 컨설턴트가 그 문제에 대해 제안할 수 있도록 해준다. 효과적인 컨설턴트는 클라이언트가 그 상황을 이해할 수 있도록 올바른 질문을 한다. 어째서 이 문제가 나타났는가? 여러 해결책의 장점은 무엇인가? 우리가 선택한 접근법의 결과는 어떤가?

3단계: 윤곽잡기frame. 컨설턴트는 다양한 주제의 대화로 핵심 문제를 파악한다. 당신의 분석과 조언을 제안하기 전에 그들이 먼저 바라게 만든다. 분석하는 과정에서 고객이 인정받을 수 있게 해준다. 그들이 공격받고 있다는 생각이 들지 않도록 하고, 그 분석이 자기 것임을 느끼게 해준다.

4단계: 비전 세우기envision. 컨설턴트는 고객이 지향해야 할 미래의 윤곽을 잡도록 도와준다. 초점은 도달해야 할 목표에 있지 않다. 마이스터는 이 단계에서 할 핵심 질문 세 가지를 제시한다.

- 무엇을 성취하고자 하는가?
- 목표를 성취한 다음에 어떤 변화가 있을 것 같은가?

- 우리가 목표에 도달했다는 것을 어떻게 알 수 있는가?

이 세 가지 질문은 경영자에게도 유용하다. 많은 조직이 '고객 친화적으로 행동하기'라든지 '더 많이 관여하기' 등의 모호한 목표 때문에 골머리를 앓는다.

5단계: 헌신하기commit. 여기서 중요한 점은 사람들이 안팎으로 결정된 목표를 이루기 위해 헌신하는 것이다. 이때 도움이 될 만한 질문은 이런 것들이다. 어떤 장애물을 만나게 될까? 어떤 사람들이 관여해야 하는가? 누가 무엇을 해야 하는가? 어떤 정보가 필요한가? 성장을 어떻게 기록할 수 있는가? 기한은 언제까지인가? 이 질문에 모두 답한 다음에만 행동에 옮길 수 있다.

이 절차에 따라 행동하면, 효과적으로 고객과 신뢰 구축을 할 수 있다. 그렇지만 많은 컨설턴트는 몇 단계를 넘겨버리려고 한다. 개인적인 관계를 만들고 싶지 않기 때문이다. 많은 컨설턴트는 설명한 절차대로 행동하려면 너무 많은 시간이 필요하다고 느낄 것이다. 그들은 인내심이 부족하다. 그들은 고객의 일에 관여하기보다는 빠른 해결책을 원한다. 그런 관점에서 경영자와 컨설턴트는 꽤 유사하다.

리더십에 대한
실용적인 교훈

지금까지 여러 가지 비전과 교훈을 살펴보았다. 이제 우리는 스스로에게 물어보아야 한다. 이 가운데 일상에서 적용할 수 있는 교훈은 어떤 것인가?

리더십 교훈

❶ 리더십은 배울 수 있다.

❷ 모든 상황과 사람에게 적용되는 천편일률적인 방법은 없다.

❸ 나와 다른 사람들이 자기 한계를 뛰어넘을 수 있도록 도와준다.

1. 리더십은 배울 수 있다.

리더십은 쉽지 않다. 그러나 대부분의 경영사상가들은 리더십은 배울 수 있는 능력이라고 인정한다. 드러커와 코비는 천부적인 리더십 능력에 대해 언급하지 않았지만, 일반인들이 실천할 수 있는 습관들에 대해 설명했다. 우리는 모두 다른 성격을 타고났다. 하지만 지금 우리의 한계를 뛰어넘는 리더십을 개발할 수 있다.

이 기술은 반복적인 행동으로 개발 가능하다. 심리학자 앤더스 에릭슨이 소개한 1만 시간의 법칙에 대해 들어봤을 것이다. 간단히 정리해보면, 대부분의 스포츠, 음악, 과학 등 모든 분야에 걸쳐 스타라 불리는 사람은 최소 1만 시간을 연습에 투자했다는 것이다. 이것은 매일 2시간 45분씩 10년을 연습하는 것과 같은 양의 시간이다. 성공으로 가는 지름길은 존재하지 않는다.

한 가지 탁월한 예를 소개하겠다. 항공술과 의술 같은 책임을 요하는 자리는 여러 규범과 함께 온다. 비행사는 많은 나라를 오가면서 정해진 최소 시간 이상을 비행해야 한다. 외과의는 한 해에 50번 이상 같은 수술을 하지 않으면, 그 수술을 시행할 권한이 없다.

경험이 있는 사업가와 경영자는 이것을 알아야 한다. 필자가 연구한 많은 성공적인 사업가들이 많은 시행착오 끝에 모든 것을 혼자 해결하기보다 위임하는 방법을 터득했다고 말했다. 그들은 아주 솔직하게 그들이 위임하는 방법을 터득하기까지 수년이 걸렸다고 했다.

경영자와 리더는 따라서 자기 비행시간을 기록해야 한다. 책과 세미나를 통해서 자기개발 계획을 수립하고 생각해볼 시간을 낼 수 있다. 최고의 방법은 실제로 리더십을 발휘해보는 것이다.

2. 모든 상황과 사람에게 적용되는 천편일률적인 방법은 없다.

경영과 리더십에는 한 가지 원칙만 존재하지 않는다. 퀸과 블랜차드는 이것을 강조한다. 다양한 상황과 사람들에 대처하기 위해 다양한 접근법이 필요하다. 경영과 리더십은 주문제작을 하는 것이지 대량생산이 불가능하다. 리더십과 코칭이 필요한 직원이 몇 달 뒤에는 다른 것을 필요로 할 수 있다는 것을 상기한다.

이런 것을 모두 다 지키는 것이 힘들어 보이는가? 불가능해 보이는가? 하지만 초등학교 교사는 이것을 매일 해낸다. 그들은 약 30명의 주문 제작한 직원들을 배출해낸다. (게다가 매년 100% '이직률'을 달성한다!)

교사는 아주 간단한 학생 추적 시스템을 활용한다. 능숙한 한 교사는 매주 월요일 30분 일찍 출근해서 30명의 학생들이 각자 성취해야 하는 목표와 방법을 노트에 적는다고 말했다. 필요한 것은 공책과 펜뿐이다. 경영자 역시 같은 일을 하면 된다. 맞춤형 리더십은 초등학교 교사들의 경우처럼 충분한 준비가 필요할 뿐이다.

얼마 전에 필자는 한 대기업 관리자의 프레젠테이션을 보게 되었다. 그는 직원들에게 필자가 지금껏 보아온 파워포인트 자료 가운데 가장 복잡한 자료를 보여주었다. 그는 여덟 가지 영역과 열다섯 가지 성과지표를 통해 120칸의 매트릭스를 만들었다. 각 칸은 아주 중요한 수치가 적혀 있었다. 그 수치를 읽을 줄 아는 사람들도 그가 한 말을 이해하지 못했다.

이런 매트릭스는 전략 미팅에서나 쓸모가 있다. 하지만 대규모 직원 강의를 하고 있다면, 몇 개의 간단하고 명확한 메시지를 전달하는 것이 더 효과적이다. 경영자는 맞춤 강의를 할 수 있어야 한다. 이것은 시간과 관심과 에너지를 필요로 하지만 당신의 노력은 직원 만족과 기업 성과 향상으로 보답받게 될 것이다.

3. 나와 다른 사람들이 자기 한계를 뛰어넘을 수 있도록 도와준다.

조직을 이끄는 것은 자기 자신을 다스리는 것에서 시작한다. 먼저 자기 행동을 다스려야 다른 사람들의 행동도 바꿀 수 있다.

한 가지 예를 들어보겠다. 필자는 글로벌 기업의 일부인 한 대형 제조기업의 관리자를 만났다. 그와 그의 직원들은 공장 폐쇄와 중국으로 공장이 이전되는 것을 성공적으로 막았다. 그러기 위해 그는 먼저 직원들이 실용적인 면에서 자기보다 훨씬 뛰어나고 똑똑하다는 것을 인정해야 했다. 그는 혼자 계획하는 것을 버리고, 직원과 함께 계획을 짰다. 그는 직원들에게 두 가지 질문을 했다. "어떤 제품에 집중을 해야 하는가? 그리고 단가를 어떻게 줄일 수 있을 것인가?"

다음 단계는 직원이 스스로 자제하는 방법을 습득하게 하는 것이었다. 예를 들면, 그들은 임금을 줄이고 조직을 유연하게 만들기 위한 계획을 짜야 했다. 기나긴 워크숍 끝에, 그들의 일과 중에 수행하는 간단한 작업의 리스드를 작성했다. 이 작업을 새로운 보조 직원에게 위임했다. 비정규직으로 인력을 어느 정도 대체했다. 직원이 업무과다로 바쁠 때는 보조 직원을 호출할 수 있게 했다. 하지만 덜 바쁜 날에는 스스로 그 일을 처리했다.

지난 2년간 이 공장에서는 이런 식으로 일을 조율해왔다. 관리자는 이렇게 고백했다. "처음에는 쉽지 않았다. 그들이 당신보다 많은 여러 분야에서 똑똑하다는 것을 인정해야 한다. 하지만 그것에 익숙해지면, 놀라운 결과를 얻을 수 있다." 상투적으로 들릴 수 있지만 사실이다. 다른 사람을 이끌고 싶다면 먼저 자신을 다스려야 한다.

Organization

Organization

- 효과적인 기업가 조직을 어떻게 만들 수 있는가?

- 탁월함을 성취하고 유지하는 방법

- 왜 조직 재편성이 필요한가?

우리는 조직이 지배하는 사회에 살고 있다. 중요한 사회 이슈는 대개 조직이 만든다. 태어날 때부터 죽을 때까지 우리는 조직이 지배하는 사회에서 살아야 한다. 오늘 하루 동안 당신이 만난 조직의 수를 세어 보아라. 라디오를 듣고, 전화를 하고, 전기와 수도를 사용했다. 이 모든 것은 조직 없이는 불가능한 행동이다.

이 책을 만들고 배포하는 과정에 최소한 여덟 개의 크고 작은 조직이 관여했다. 티글러 기업, 몇 명의 프리랜서 편집자, 교정 에이전시, 레이아웃 스튜디오, 인쇄소, 유통 회사, 서점과 자금운용 회사가 이 책을 만드는 데 기여했다.

때때로 필자는 개미와 벌과 다른 동물들이 서로 효과적으로 협력하는 것

82

을 관찰한다. 하지만 사람이야말로 협력에 있어서 사다리의 꼭대기에 있다. 우리가 지금 누리는 삶은 경이로운 협력과 조직력이 있었기에 가능한 것이다. 정보와 커뮤니케이션 기술이 발달하면서, 우리는 지난 20년간 폭발적인 성장을 이루어냈다. 결과적으로 우리는 훨씬 더 자주 일시적이고, 유연한 임시조직을 보게 된다.

독립조직들이 만들어낸 임시적인 협력의 극단적 예는, 3부작 영화 〈반지의 제왕〉이다. 영화감독 피터 잭슨은 뉴질랜드에서 세 편의 영화를 1999년부터 2000년 사이에 몰아서 찍었다. 114명의 배우, 250필의 말, 50명의 재단사, 180명의 컴퓨터 그래픽 전문가와 20,602명의 엑스트라가 영화 제작에 참여했다. 잭슨의 조수들은 여러 곳에서 동시다발적으로 장면을 촬영했다. 위성 비디오 통신을 사용하여 잭슨은 그날 촬영한 장면에 대해 검토하고, 다음 계획을 지시할 수 있었다.

세 편의 영화를 제작하고 배포하는 데 총 3억 달러의 비용이 들어갔고, 30억 달러의 수익을 냈다. 3부작 영화는 17개의 오스카상을 받았다. 임시조직으로서는 놀라운 성과이다.

협력, 조직과 기업은 우리 삶의 질을 결정한다. 시민으로서, 고객으로서, 직원으로서의 삶에도 적용된다. (만약 당신이 조직에 고용됐다면 말이다.)

2부에서는 조직에 관한 다양한 질문을 다룰 것이다. 어떻게 기업 내 업무효율과 효과를 최적의 상태로 유지할 수 있는가? 어떻게 하면 사람들이 탁월한 성과를 낼 수 있는 조직 환경을 만들 수 있는가? 어떻게 기업 내 동기부여, 관여도, 기업가정신 그리고 혁신과 같은 중요한 심리적인 요소를 증진시킬 수 있는가?

헨리 민츠버그
어떻게 조직을 구성할 것인가

> 조직 효과성은 합리성이라는 편협한 사고로 이루어지지 않는다.
> 냉철한 논리와 강한 직관력을 통해 얻을 수 있다.
>
> 헨리 민츠버그

헨리 민츠버그 Henry Mintzberg(1939~)는 세계를 돌면서 같은 이야기만 하는 그런 일반적인 경영 구루와는 다르다. 그는 경영에 대해 제너럴리스트의 관점을 고수하고, 관리 행동, 조직구조와 전략 개발에 관한 책을 열 권 이상 집필했다. 그는 100편 넘는 논문의 공동저자이다. 민츠버그의 국제적 인기는 1970년대 초 경영자의 일과에 대해 연구한 것에 크게 힘입었다. 그의 연구는 우리가 생각하는 경영자의 이미지와 그들이 실제로 하는 일이 굉장히 다르다는 것을 보여주었다. 민츠버그는 이 사실을 처음으로 밝힌 사람 중 한 명이다.

민츠버그는 캐나다 몬트리올 맥길 대학에서 강의한다. 그는 겸손하고 유머러스하지만 높은 이상을 가졌다. 그의 사명은 더 나은 세상을 위해 경영자들이 더 좋은 조직을 만들 수 있도록 가르치는 것이다.

조직과학이 너무 이론적이라고만 생각하는가?

삶에서 대부분의 일은 협력을 통해 달성할 수 있다. 두 명 이상 일을 나누는 순간부터 서로 부딪히지 않고 협력하는 방법을 찾아야 한다. 민츠버그에 의하면 우리는 몇 가지 구성 요소와 메커니즘만을 가지고도 다양한 방법으로 협력할 수 있다고 한다. 민츠버그가 제시한 조직이론은 비즈니스 스쿨에서 지난 수십 년간 필수과목으로 가르쳤다. 아마 이런 궁금증이 들 것이다. 도대체 이렇게 다양한 조직 분석이 어디에 쓸모가 있다는 것인가? 그냥 이론에 불과하지 않은가?

그렇지 않다. 사업가와 경영자는 기업의 라이프 사이클 내내 조직구조에 대한 의사결정을 해야 한다. 우리는 기업에서 더 많은 통제권을 행사해야 하는가? 아니면 직원들에게 더 많은 자율권을 주어야 하는가? 기업의 중앙집중화를 도모해야 하는가? 아니면 분권화를 장려해야 하는가?

이 질문에 대한 해답을 찾기 위해서 민츠버그가 제시한 조직의 여섯 가지 구성요소에 대해 논의해보겠다. 그다음, 조직의 다양한 부문이 서로 시너지를 낼 수 있는 여섯 가지 조정기제에 대해 살펴보고 마지막으로 민츠버그가 구분한 일곱 가지 조직유형에 대해 설명하겠다.

이론을 조금 더 재미있고 쉽게 설명하기 위해, 필자가 많은 시간을 할애하는 작은 조직을 예로 들겠다. 바로 우리 가족이다. 우리 집에서는 필자와

아내, 네 명의 딸과 개, 고양이 그리고 금붕어 한 마리가 같이 산다.

조직의 6가지 기본 구성요소

먼저 조직이 가질 수 있는 여러 다른 구성요소를 짚고 넘어가겠다. 민츠
버그는 조직이 여섯 가지 구성요소로 이루어져 있다고 생각했다.

1. 조직의 첫 번째 구성요소는 핵심운영부문operating core이다. 제품과 서비
   스를 생산하는 근로자를 말한다. 이해를 돕기 위해 우리 가족의 예를 들
   겠다. 필자는 우리 가족의 핵심운영부문을 맡고 있다. 책을 쓰고 강의를
   한다.

조직의 6가지 기본 구성요소 Six basic parts of an organization

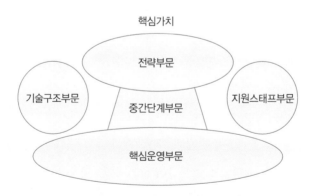

2. 조직은 최소한 한 명의 풀-타임 경영자가 필요하다. 두 번째 구성요소는 전략부문strategic apex이다. 우리 집의 최고 경영자는 말할 것도 없이 아내이다. 그녀는 필자가 할 수 있는 이상으로 우리 작은 조직의 대소사를 운영한다.

3. 조직이 점점 더 확장되고 복잡해질수록, 조직 내 업무 조정을 위해 한 명 이상의 관리자가 필요하다. 그렇게 되면 조직의 세 번째 구성요소인 중간단계부문intermediate/middle level이 필요해진다. 기업 세계에서는 이것을 중간관리층middle line이라고 부른다. 우리 가족의 중간단계 관리자는 네 명의 딸들이다. 그들은 애완동물을 보살피고, 음악을 다운로드하고 관리하며, 용돈을 위해 잔디를 깎는 업무를 맡고 있다.

4. 조직이 성장해서 더욱더 복잡해지면 네 번째 구성요소인 분석가analysts가 필요해진다. 대개 이 부문은 특별한 사람들이 필요하다. 그들은 경영 의사결정을 내리는 데 도움을 준다. 이 사람들이 하는 일은 일반적으로 참모·스태프 업무staff work라고 불리지만, 민츠버그는 기술구조부문techno structure이라고 부른다. 우리 집에서는 회계사가 이 역할을 한다. 많은 큰 조직에서 금융전문가 외에도 인적자원, 마케팅, 커뮤니케이션과 IT 등 전문 스태프가 있을 것이다.

5. 기업의 다섯 번째 구성요소는 지원스태프부문support staff이다. 인적자원만을 고려했을 때는 마지막 구성요소이기도 하다. 이 부문은 조직이 과업을 수행할 수 있도록 지원한다. 우편 사서, 식당 직원, 홍보부서 등이 이 일을 담당한다. 우리 가족은 가사도우미가 지원스태프 역할을 한다. 가사도우미는 우리 집이 적정 수준의 위생과 질서를 유지할 수 있도록

도와준다.

6. 모든 활동적인 조직에 있어야 할 여섯 번째이자 마지막 요소는 핵심가 치^{ideology}이다. 한 조직을 다른 조직과 구분시키는 전통과 신념을 말한 다. 가족 내에서는 종교를 포함한 생일과 휴일에 지키는 집안의 모든 전 통이 이 부문에 해당한다.

6가지 협력기제

민츠버그의 조직이론의 두 번째 주제는 조직 구성요소의 협력기제이다. 계속해서 우리 가족의 예를 들자면, 집에서 장을 볼 때 민츠버그의 이론이 적용될 수 있다.

6가지 협력기제

❶ 상호조정
❷ 직접관리
❸ 업무절차의 표준화
❹ 업무성과의 표준화
❺ 기술과 지식의 표준화
❻ 규범과 가치의 표준화

1. 첫 번째 협력기제는 상호조정^{mutual adjustment}이다. 달리 말하면 비공식 협 의를 통한 조정방법이다. 가족이 장을 볼 때, 우리 부부는 간단한 대화

를 통해 의사결정을 한다. "이번 주에는 당신이 장을 볼 건가요? 아니면 이번에도 제가 할까요?"

2. 두 번째 협력기제는 직접관리^{direct supervision}이다. 사람들에게 지시 또는 업무 분배를 통한 조정방법이다. 집에서 아내가 이렇게 말한다. "여보, 당신이 장 좀 봐줘요. 여기 식료품 목록대로 사주세요."

3. 세 번째 협력기제는 업무절차의 표준화^{standardization of work processes}이다. 이 것은 작업의 내용을 구체화하는 작업이 필요하다. 예를 들면, 아내가 이렇게 말한다. "앞으로 매주 수요일 여기 적힌 대로 장을 봐주세요." 그다음 그녀는 매주 필요한 식료품 리스트를 건네준다.

4. 네 번째 협력기제는 업무성과의 표준화^{standardization of output}이다. 이것은 조직에 필요한 재무성과와 같이 어떤 활동을 통해 얻고자 하는 바를 구체화하는 작업이 필요하다. 또다시 아내가 이렇게 말한다. "집 냉장고에 항상 건강한 음식이 있어야 하고, 매주 200달러 안에서 장을 봐주세요."

5. 다섯 번째 협력기제는 기술과 지식의 표준화^{standardization of skills and knowledge}이다. 이것은 업무를 수행하는 사람의 기술과 지식에 대한 기준을 만드는 것을 의미한다. 우리 집에서는, 아내가 이렇게 말함으로써 이 협력기제를 사용할 수 있다. "〈하루 만에 끝내는 가정학〉이라는 프로그램에 참여한 다음 프로그램 이수 증명서를 나에게 보여주면, 앞으로 당신이 매주 장 볼 때 간섭하지 않고 혼자 계획을 짤 수 있게 해줄게요."

6. 여섯 번째 협력기제는 규범과 가치의 표준화^{standardization of norms and values}이다. 이 협력기제는 조직 전체의 가치체계를 만드는 것이다. 가치체계를 통해 직원들이 기업에 기대할 수 있는 것과 반대로 기업이 직원에게

기대하는 바를 보여준다. 집에서 아내가 저녁 식사시간에 가족들에게 짧은 스피치를 한다. "남편과 딸 여러분, 건강하고 균형 잡힌 식사는 중요해요. 제 지갑은 서랍 안에 있어요. 행운을 빕니다!"

민츠버그에 의하면 대부분의 소기업에서는 가장 간단한 상호조정을 통해 의사조율을 한다. 조직의 규모가 커지고 복잡해지면, 관리가 필요해진다. 그리고 업무절차, 업무성과, 기술과 지식, 규범의 표준화도 필요해진다. 이때 대부분의 조직은 여러 가지 협력기제를 결합해서 의사조율을 한다.

7가지 조직유형

민츠버그의 여섯 가지 조직 구성요소와 여섯 가지 협력기제를 합치면, 조직구조가 한눈에 들어올 것이다.

7가지 조직유형
❶ 사업조직 / 단순 구조
❷ 기계조직 / 기계관료제
❸ 전문조직
❹ 복합조직 / 사업부제 구조
❺ 혁신조직 / 특별임시조직
❻ 사명조직
❼ 정치조직

1. 첫 번째이자 가장 단순한 조직유형은 사업조직entrepreneurial organization이다. 민츠버그는 이것을 단순 구조simple structure라고도 부른다. 대부분의 기업이 창업을 할 때 사업가와 몇 명의 조력자로 시작한다. 길모퉁이의 자동차 딜러나, 정부 조직 내 새로운 부서를 생각해보면 좋을 듯하다. 매우 상반되는 조직처럼 보이지만, 구조는 매우 유사하다. 사업조직은 굉장히 유연하고 직원들에게 동기부여가 된다. 단점이 있다면 외부 영향에 취약하다는 것이다. 사업조직에서는 전략부문이 가장 중요한 역할을 하고, 직접관리와 상호조정을 주된 협력기제로 사용한다.

2. 두 번째로 복잡한 조직유형은 기계조직machine organization 또는 기계관료제machine bureaucracy이다. 대량생산을 하는 공장, 우체국, 항공사를 생각해보면 좋을 듯하다. 이 조직유형에서는 전문가, 규칙적인 업무와 절차가 중요하다. 이 조직은 외부 변화에 크게 영향을 받지는 않지만, 직원들에게 동기부여를 하는 것이 어렵다. 기계조직은 기술구조부문이 중추역할을 하고, 업무절차의 표준화가 가장 중요한 협력기제이다.

3. 세 번째 유형은 전문조직professional organization이다. 학교나 병원을 생각해보면 좋을 듯하다. 이런 유형의 조직은 분권화와 관료제가 서로 손을 맞잡고 일한다. 전문조직은 일반적으로 민주적이고 기계관료제보다는 동기부여가 잘 이루어진다. 최소한 핵심운영부문에서 일하는 전문가들에게는 동기부여가 된다. 전문조직은 핵심운영부문이 중추 역할을 하고, 기술과 지식의 표준화를 주요 협력기제로 사용한다.

4. 네 번째 조직유형은 복합조직diversified organization이다. 민츠버그는 이것을 사업부제 구조라고 부르기도 한다. 이 유형은 오랫동안 존속해오거나

규모가 비대해진 다국적 기업에서 발견할 수 있다. 셸과 유니레버 같은 기업이 이 유형에 속한다. 복합조직은 몸집이 굉장히 크기 때문에 단일 부서에서 사업을 관리할 수 없다. 그렇기 때문에 조직 내 여러 개의 하위 기계조직이 중앙부처에 보고를 하게 된다. 복합조직은 중간단계 또는 중간관리층이 중심 역할을 하고, 업무성과의 표준화를 주요 협력기제로 사용한다. 예를 들면, 각 사업부는 구체적인 재무성과 목표를 달성해야 한다.

5. 다섯 번째 조직유형은 특별임시조직adhocracy 또는 혁신조직innovative organization 이다. 민츠버그는 이것이 가장 현대적인 조직유형이라고 말한다. 혁신조직에서는 시장에 발 빠르게 반응하기 위해 여러 팀을 조직하고 배치조정을 해야 한다. 영화사와 광고 에이전시처럼 창의적인 일을 하는 기업이나 NASA와 같은 대형 연구소를 생각해보면 좋을 듯하다. 혁신조직은 시장 변화와 고객의 구체적인 요구사항에 빠르게 대응할 수 있다. 일반적으로 격변하는 시장에서 이런 유형의 조직을 찾아볼 수 있다. 혁신조직은 지원스태프부문과 핵심운영부문이 중심 역할을 하고, 상호조정 협력기제를 사용한다. 민츠버그의 조직이론 원문을 살펴보면, 지금까지 살펴본 조직유형이 있을 것이다. 하지만 추후에 그는 두 가지 유형을 추가했는데, 이것은 사명조직missionary organization과 정치조직political organization 이다.

6. 사명조직missionary organization 또는 이상적인 조직idealistic organization은 민츠버그가 발견한 여섯 번째 조직유형이다. 이 조직은 사명, 즉 공동의 가치를 중심으로 움직인다. 직원들은 어떤 가치를 믿는가? 사명조직의 특징

은 카리스마 넘치는 리더가 조직을 이끌고, 직원들은 확고한 과제를 수행한다. 이러한 조직유형의 대표적인 예는 기부단체와 교회이다. 과거에 많은 전통적인 조직유형은 사명조직의 형태를 띠었다. 대부분 기업에서 사명과 가치가 이전보다 더 중요해졌다. 사명조직에서는 기업이념이 가장 중요하고, 규범과 가치의 표준화가 결정적인 협력기제로 작용한다.

7. 일곱 번째이자 마지막 조직유형은 정치조직political organization이다. 민츠버그는 전통적인 조직 내부의 권력을 추구하는 집단 또는 사람들을 일컬어 정치조직이라고 말한다. 권력추구는 조직을 약화시키는 질병과 같은 존재이다. 하지만 내부의 정치적 상황이 조직을 강화시킬 수도 있다. 예를 들면, 변화가 시급하지만 리더십이 가로막고 있을 때 정치조직이 필요하다. 이런 상황에서는 우회 경영을 위한 자금이 있는 반체제 인사가 필요하다.

민츠버그의 번뇌

민츠버그는 주관이 뚜렷한 사람이다. 예를 들면, 그는《MBA가 회사를 망친다Managers Not MBAs》(북스넛)라는 제목의 MBA를 반대하는 엄청난 책을 쓰기도 했다. 그는 대부분의 MBA 기관에서 실무경험이 필요 없다고 생각하는 피상적인 경영자를 배출한다고 여긴다. 민츠버그에 의하면, MBA를 하는 학생들은 너무 자주 MBA가 손에 흙을 묻히지 않고 고속승진을 할 수 있게 해주는 수단이라고 착각한다.

민츠버그의 가장 큰 번뇌는 초대형 기업으로부터 기인한다. 왜냐하면 첫째로 큰 기계관료제 조직에서는 온갖 편법을 마다하지 않는다. 그들은 자신이 통제할 수 있다고 착각한다. 일반적으로 절차와 규정이 종이에 적혀 있기만 하면 아무 문제가 없다는 듯한 태도를 보인다.

민츠버그에 의하면 사람들은 권위 있는 사람이 종이에 시장점유율market share을 높게 표기하면 시장이 안정화되어 있다고 너무 쉽게 믿어버린다고 한다. 결함defects이라는 단어 옆에 작은 수치가 있으면 품질이 보장된 줄 안다. 만약 조직도의 모든 직원이 상사와 연결되어 있으면 인적자원이 효율적으로 관리된다고 생각한다. 그리고 모든 작업명칭 뒤에 플랜plan이라는 단어만 들어가면 전체 시스템이 잘 굴러간다고 믿어버린다. 결국 기업에서 진짜로 무슨 일이 일어나고 있는지 아무도 상관하지 않는다. 기계관료제 조직의 리더가 현실과 동떨어진 삶을 살고 있기 때문에 직관력, 창의성과 느낌 대신 (종이로 된) 거짓 믿음에 안주한다.

민츠버그는 대형 기계관료제 조직이 우리 사회의 너무 지배적인 위치에 올랐다고 말한다. 왜냐하면 관료조직은 기업의 몸집을 너무 키우기만 하고 관료제에 찌들게 하기 때문이다. 예를 들어 정부와 함께 사업을 하고 싶다면, 그들과 비슷한 구성원으로 그들이 만든 룰에 따라 움직여야 한다. 대기업과 협력하고 싶어 하는 신생 기업도 비슷한 문제에 부딪힌다. 민츠버그는 사회에 정말 필요한 것은 젊고 창의적인 기업이라고 말한다. 하지만 대부분의 정부가 그렇듯 통제권을 쥐려는 욕심이 대기업을 보호하는 결과를 낳는다.

민츠버그는 캐나다에 있는 크리족 원주민의 이야기를 들어 이 상황을 잘

묘사한다. 크리족 원주민은 중앙집권의 전통이 없고 느슨하게 엮인 마을 자치 단체로 살아왔다. 하지만 캐나다 정부에서 댐을 건설하기 위해 그들의 땅을 침수시키려고 하자, 크리족 사람들은 반대 시위를 하기 위해 조직을 형성해야 했다. 정부가 유리한 조건으로만 협상하려고 했기 때문에, 크리족에게는 별다른 선택권이 없었다. 크리족 원주민들은 캐나다 판사의 심리를 받기 전에 합리적인 논쟁으로 법적 소송을 제기할 수 있는 중앙대표단을 조직했다.

크리족 원주민들은 본래의 삶의 방식을 버리고, 생존을 위해 관료화를 선택했다. 민츠버그는 이 이야기가 오늘날 기업 세계에서 일어나는 일을 대변한다고 지적한다. 만약 점점 심화되는 정치게임에 참여하지 않으면, 덩치 큰 기업과 거래를 할 수가 없다.

톰 피터스

탁월함을 성취하고 유지하는 방법

> 혁신은 거의 100% 가까이 '시장 분석'에 의한 것이 아니라
>
> 현실에 넌덜머리가 난 사람들이 이루어낸다.
>
> 톰 피터스

톰 피터스Tom Peters (1942~)는 국제 비즈니스의 세계에서 '수퍼구루Überguru'로 알려져 있다. 그는 스포트라이트를 즐기는 타고난 무대체질이다. 그러나 경력 초반에 그는 굉장히 다른 사람이었다. 대학과 군대를 다녀온 다음, 맥킨지에서 컨설팅 업무를 하면서 스탠퍼드 대학 박사 학위를 받았다. 1970년대 후반에는 동료 로버트 워터먼과 함께 조사를 했다. 그들은 평균 이상의 성과를 내는 조직의 성공요인을 조사하는 과제를 받았다. 이 조사를 통해 그들은 《초우량 기업의 조건In Search of Excellence》(더난출판사)이라는 유명한 책을 남겼다.

책이 나오기 1년쯤 전에, 피터스는 책을 쓰는 일과 강사 일에 집중하기 위해 맥킨지에서 퇴사했다. 그는 그의 책이 크게 히트를 칠 줄 상상도 하지 못

했다. 하지만 1982년에 마침내 세상에 선보였을 때 그의 책은 베스트셀러가 되었다. 지금까지 이 책은 세계적으로 600만 부 이상이 팔려나갔다.

7S 모델

《초우량 기업의 조건》은 피터스와 워터먼이 1970년대 후반에 맥킨지를 위해 여러 일류회사의 성공비결을 조사한 결과물이었다. 왜 어떤 기업은 성장하고, 어떤 기업은 도태되는가?

피터스와 워터먼은 75개의 성공적인 기업을 조사하기 시작했고, 그 리스트를 43개로 줄여나갔다. 이 리스트에는 아직까지 인기를 누리는 IBM, 3M, 휴렛패커드와 디즈니도 포함되어 있다. 하지만 나중에 큰 문제를 겪게 된 Atari와 Wang도 이 리스트에 있다. 피터스와 워터먼은 43개의 기업 중 21곳을 직접 방문했다. 나머지 기업은 다른 출판물을 토대로 분석했다.

그들이 모은 데이터를 분석하기 위해, 피터스와 워터먼은 각각 하버드와 스탠퍼드 대학 교수인 앤서니 아토스와 리처드 파스칼의 도움을 받았다. 그결과 7S 모델이 탄생하게 된다. 7S 모델은 조직을 구조적인 관점에서 볼 수 있게 해준다.

7S 모델의 일곱 개 S는 전략Strategy, 구조Structure, 시스템System, 스태프Staff, 스타일Style, 공유가치Shared Values와 기술Skills을 의미한다.

7S에 대해 알아보자.

1. 전략Strategy: 조직이 현 상태에서 원하는 위치로 옮겨가기 위해 어떤 일을 해야 하는가?

2. 구조Structure: 기업이 어떻게 조직되어 있는가?

3. 시스템Systems: 어떤 작업과정과 절차가 있는가? 기업에서 어떻게 업무를 수행하는가?

4. 스타일Style: 경영 방식의 특징이 무엇인가? 어떻게 목표를 달성하는가?

5. 스태프Staff: 단순히 직원의 숫자를 말하는 것이 아니라, 직원의 특성도 포함된다.

6. 기술Skills: 기업에 종사하는 사람들이 가진 기술의 차별성은 무엇인가?

7. 공유가치Shared values: 조직이 추구하는 상위 목표는 무엇인가? 무엇이 기업을 단결시키는가? 이 부분은 헨리 민츠버그가 제시한 조직의 구성요소 중 핵심가치ideology를 참고해도 좋다.

첫 세 가지 S(전략, 구조, 시스템)는 조직의 하드웨어이고, 나머지 네 가지 S(스태프, 스타일, 공유가치와 기술)는 조직의 소프트웨어이다.

앞서 말했듯이, 모형은 조직을 설명하고 분석하는 방법을 제시한다. 하지만 이것은 하드웨어와 소프트웨어적인 요소가 모두 중요하고, 일곱 가지 요소가 서로 균형을 이루어야 한다는 메시지를 내포하고 있다. 책이 처음 출간됐을 때, 이것은 혁명적인 사건이었다.

탁월함의 8가지 조건

피터스와 워터먼은 7S라는 렌즈를 통해 기업들을 살펴보았고, 초우량 기업의 여덟 가지 특징을 발견했다. 여덟 가지 조건은 이 책의 진수이다. 그리고 이것은 피터스의 후기 작품의 바탕을 이룬다.

초우량 기업의 8가지 조건

❶ 철저하게 실행한다.
❷ 고객에게 밀착한다.
❸ 자율성과 기업가정신이 있다.
❹ 사람을 통해 생산성을 높인다.
❺ 가치에 근거해 실천한다.
❻ 핵심사업에 집중한다.
❼ 조직을 단순화한다.
❽ 엄격함과 온건함을 동시에 지닌다.

조건 1: 철저하게 실행한다.

관찰을 토대로 피터스와 워터먼은 이렇게 조언한다. 먼저 시행착오를 해 보라. 실행하지 않으면 배울 수 없다. 혁신은 분석이 아니라 실험을 통해 이루는 것이다.

조건 2: 고객에게 밀착한다.

많은 기업이 고객중심을 외치지만 초우량 기업은 이것을 실천한다. 피터스가 조사한 몇 개의 기업은 매년 특정 기간 동안 고객과 상호작용을 하기 위해 경영자가 직접 영업활동에 참여한다.

조건 3: 자율성과 기업가정신이 있다.

사람은 자유롭게 사고하고 행동할 수 있다. 따라서 성공한 기업은 기업 규모에도 불구하고, 작은 기업의 집결체로 운영된다. 상대적으로 작은 구성 단위의 사람들이 조직 내에서 자율적으로 의사결정을 할 수 있다.

조건 4: 사람을 통해 생산성을 높인다.

직원의 규모를 말하는 것이 아니라 동기부여를 뜻한다. 직원들을 성숙한 한 사람으로 보고, 신뢰와 존중으로 대해 동기부여를 한다. 모든 경영자가 모든 직원에게 진심 어린 관심을 주어야 한다.

조건 5: 가치에 근거해 실천한다.

이것은 직원들의 입장에서 중요한 공동의 목표와 경영자의 동기부여를 반영한다. 문제는 기업이 어떤 가치를 표방하느냐이다. 피터스와 워터먼은 성공적인 기업은 돈 버는 일만이 주목적이 아니라고 지적한다.

조건 6: 핵심사업에 집중한다.

성공하는 기업은 다각화를 위한 다각화를 시도하지 않고, 합병을 위한 합병을 하지 않으며, 인수를 위한 인수는 하지 않는다. 성공하는 기업은 그들의 핵심사업을 잘 파악하고 있고, 이것을 고수한다.

조건 7: 조직을 단순화한다.

그들은 복잡한 절차에는 관심이 없다. 반대로 어떻게 하면 최대한 단순하게 만들지 고민한다. 비대해진 지원부서는 자주 업무를 방해한다. 그렇기 때문에 지원사업은 최대한 아웃소싱을 하거나 임시조직에 넘긴다.

조건 8: 엄격함과 온건함을 동시에 지닌다.

잘 운영되는 조직은 집권화와 분권화가 조화를 이룬다. 피터스와 워터먼에 의하면, 기업은 일정 부분의 혼돈과 분권화를 실험해야 한다. 동시에, 조직 전체가 따르는 내부 규칙이 필요하다. 다시 말해, 기업의 핵심가치는 중앙집권적이되 부서와 직원들이 최대한 자율적으로 움직일 수 있게 해주는 것이다.

피터스는 그가 책에서 제시한 여덟 가지 조건은 필수불가결하다고 말한다. 그는 나중의 인터뷰에서 이렇게 강조했다. "이 8가지 원리를 무시하면, 실패가 보장된다."

탁월함의 유지

피터스의 후기 작품은 모두 《초우량 기업의 조건》을 토대로 쓴 것이다. 이 한 가지 질문이 계속 반복된다. "조직이 어떻게 하면 탁월함을 성취하고 이를 유지할 수 있을 것인가?" 피터스는 이 질문에 세 가지로 대답한다.

1. 외부 변화를 받아들인다.

기업은 끊임없이 고객과 시장과 상호작용해야 한다. 단골 고객과의 접촉은 필수이다. 타깃 고객과 비슷한 직원을 고용하는 것도 중요하다. 피터스는 기업이 사회 혹은 타깃 고객의 거울이 되지 못한다고 지적한다.

지난 수년간 기업 내 여성인력 부족은 그가 특별히 관심을 기울인 주제였다. 여성이 커리어와 유리천장을 걱정해야 한다는 의미가 아니다. 기업들은 사내 여직원과 여성 경영자의 부재가 가져올 수 있는 문제를 고민해야 한다고 피터스는 말한다.

2. 수평적인 조직을 만든다.

구매, 생산, 영업 및 서비스와 같은 계층 부서와 기능 부서보다는 고객 지향 프로세스 관점에서 생각한다. (이 부분에 대해서는 조금 뒤에 살펴볼 마이클 해머도 한목소리를 낸다.) 고객은 회사의 하위 기능에는 전혀 관심이 없다. 고객은 감동적인 경험을 원한다.

지금부터라도 기업은 조직을 작은 사업부들로 재편성해야 한다. 하위조직은 높은 수준의 자치권을 누리고 자기 부서의 손익계정도 관리할 수 있게 된다. 작은 사업부의 집단은 비록 본사는 작지만, 각 사업부는 부서 내 관련 문제에만 집중할 수 있다. 예를 들면, 부서 공동의 목표, 지식의 공유, 인재 유치, 구매력, 시장지배력, 유통 능력 그리고 투자 유치에 집중할 수 있다.

3. 기업가정신을 장려한다.

기업가정신이야말로 피터스의 중심 테마이다. 그의 사상은 내부분 기업가정신에 직결된다. 고객밀착, 임시변통 프로젝트, 수평적 기업, 계급구조의 파괴, 소단위 자치 부서는 기업가정신을 함양할 수 있는 환경을 만들어준다.

기업가 조직을 원한다면, 단순히 자극적인 환경만 가지고는 부족하다. 경영자는 재능에 대한 열정이 있어야 한다. 특출한 재능이 있는 사람을 찾고, 유치하고, 후하게 지불하고, 기회와 지원을 아끼지 말아야 한다.

피터스는 많은 기업이 뛰어난 인재를 이미 가지고 있음에도 일을 그르치고 있다고 개탄한다. 그들은 직원들에게 자유와 신뢰를 보장한다고 약속하지만, 실상은 다르다. 궁극적으로 경영자가 모든 것에 통제권을 쥐려고 한다. 그래서 뛰어난 직원이 배울 수 있는 기회, 실적을 올릴 수 있는 기회를 박탈하여 기업가정신을 배울 수 없게 만든다.

이 모든 것이 바뀌어야 한다. 경영자는 스스로 이렇게 점검해야 한다. 오늘 하루 동안 최소한 직원 한 명이 독립심과 위험을 감수하는 행동을 장려하기 위해 구체적으로 무엇을 했는가? 직원들은 책임감과 용기를 가져야 한다. "무언가를 이루고 싶었지만, 상사가 가로막다"라는 묘비명을 새기고 싶지 않다면 말이다.

마이클 해머

왜 모두가 재설계를 해야만 하는가

비즈니스의 프로세스에 대한 통찰력이 없는 기업의 개선 노력은
침몰하는 타이타닉 호의 의자를 재배열하는 것에 불과하다.

마이클 해머

◇◇◇◇◇◇◇◇◇◇◇◇◇◇◇◇◇◇◇◇◇◇◇◇◇◇◇◇◇◇◇◇◇◇

마이클 해머Michael Hammer(1948~2008)는 다년간 MIT 공대에서 강의하면서 컨설팅 업체를 운영해왔다. 1990년 《하버드 비즈니스 리뷰》에 리엔지니어링reengineering에 관한 논문 「리엔지니어링: 자동화하지 말고, 제거하라Reengineering Work: Don't Automate, Obliterate」를 게재한 뒤부터 유명해졌다.

후에 해머는 리엔지니어링에 대해 여러 권의 책을 썼다. 그의 첫 번째 책, 《리엔지니어링 기업혁명Reengineering the Corporation》(스마트비즈니스)은 국제적으로 수백만 부가 팔리는 세계적인 베스트셀러가 됐다.

더욱 큰 성과는, 리엔지니어링이 모든 경영학 커리큘럼에 포함되었다는 것이다. 오늘날 모든 현대 비즈니스 스쿨은 조직 재편성, 프로세스 지향적인 운영과 조직 프로세스의 재설계를 가르친다. 이에 대한 대부분의 개념은 해

머가 발명했거나 최소한 그가 대중화시켰다.

문제 조직

마이클 해머는 그의 책 《리엔지니어링 기업혁명》에서 문제 조직의 전형적인 케이스를 소개한다. 바로 IBM의 금융은행인 IBM 신용회사이다. IBM 신용회사에서는 고객이 신용상품에 가입하기까지 다섯 단계의 과정을 거친다. 이 과정은 총 6일이 소요된다. 하지만 종종 2주가량 걸릴 때도 있었다. 이렇듯 굉장히 느린 절차는 많은 자금을 소비하게 만든다. 또한 이 회사의 영업사원조차도 가입 절차의 상태를 알지 못했고, 고객에게 도움이 되는 정보를 제공하지 못했다.

몇 번의 실패 끝에, 임원진이 한 가지 실험을 제안했다. 가입 절차를 전담하는 부서를 만들어 가입 처리 업무를 최우선으로 하자는 것이었다. 각 직원은 분배된 업무를 완수한 즉시 다음 사람에게 가입 신청서를 넘기도록 지시받았다. 실험 결과, 실제로는 가입 처리에 한 명당 90분이면 충분하다는 사실이 밝혀졌다. 이전까지는 6일간 신청서가 방치되어 있었던 것이다!

경영팀은 직원 개인의 근무실적 향상은 아무것도 해결해주지 않는다는 것을 깨달았다. 처리 시간을 20% 절감하더라도, 근무실적 향상은 6일 중 고작 18분을 절약하는 것에 불과했을 것이다. 18분은 90분의 20%나 된다. 그들은 다른 작업을 연결하고 통합시키는 게 더 중요하다는 것을 알게 됐다.

IBM 신용회사는 전체 가입 절차를 총괄하는 직원을 한 명 고용해서, 부서 간 가입 서류를 전달하는 불편을 해소했다. 결과적으로 가입 처리 시간이 6일에서 4시간으로, 총시간의 97%를 절약했다. 사무실 안에 헨리 포드의 생산 프로세스가 적용된 것이다.

IBM의 사례는 꽤 오래됐지만, 이 사례가 보여주는 문제는 거의 모든 조직에서 핫 이슈로 대두된다. 최근 유럽의 한 연구에 의하면, 결손가정에서 정부의 도움을 받기까지 최소 열 개의 정부 관련 기관을 거쳐야만 했다. 이 기관들은 다른 관련 기관이 어떤 업무를 처리하는지에 대해 무지했다. 각 기관은 개별적인 가입 신청서가 있었고, 내용이 난해해서 도움 없이는 스스로 문항을 채우지도 못했다. 이곳에는 통합적인 접근이 부재했다. 더구나 이 정부 관련 기관들이 겪는 구조적인 문제는 결손가정이 분담하는 금액보다 훨씬 더 많은 예산을 낭비하게 만든다.

리엔지니어링에 관한 핵심 질문

오늘 좋은 소식과 나쁜 소식을 함께 받았다고 가정해보자. 안 좋은 소식은 지난밤 당신이 일하는 회사가 화재로 없어져버렸다는 것이다. 희소식은 고객이 이 상황을 이해해 보험회사에서 새로운 시설을 지을 수 있도록 보험금을 지급해주겠다고 했다는 것이다. 만약 처음부터 다시 시작할 수 있는 기회가 주어진다면, 예전과 똑같이 기업을 편성하겠는가? 아니면 여러 가지 새로운 방법을 시도해보겠는가?

해머에 의하면 업무 프로세스를 재설계할 때 필요한 핵심 질문은 다음과 같다. "만약 사업을 처음부터 다시 시작하게 된다면, 이제까지 축적해온 지식을 통해 어떻게 조직을 새편성하겠는가?"

리엔지니어링의 4가지 핵심 개념

❶ 기본적 재고
❷ 근본적 재설계
❸ 사업 프로세스
❹ 극적인 개선

해머의 리엔지니어링의 비공식 정의는 "처음부터 다시 시작하기"이다. 공식 정의는 "현대 사업성과 지표인 비용, 품질, 서비스와 속도의 극적인 개선dramatic improvements을 위한 사업 프로세스business processes의 기본적 재고fundamental rethinking와 근본적 재설계radical redesign"이다.

이 정의에 네 가지 핵심 개념이 모두 포함되어 있다.

- 첫 번째 핵심 개념은 기본적 재고fundamental rethinking이다. 경영자는 기업의 토대를 재점검해야 한다. 우리는 우리가 하는 일을 왜 하고 있는가? 같은 일을 다르게 더 효율적으로 하는 방법은 없는가?
- 두 번째 핵심 개념은 근본적 재설계radical redesign이다. 해머에 의하면, 경영자는 지금껏 가진 모든 선입견과 가정을 벗어 던져야 한다고 말한다. 리엔지니어링은 이미 있는 시스템을 개선하는 것이 아니라, 전혀 새로운 사업 프로세스를 창조하는 것이다.
- 세 번째 핵심 개념은 사업 프로세스business processes이다. 사업가와 경영자가

프로세스 관점에서 생각하는 것은 정말 보기 드물다. 그들은 '업무', '사람', '배치'만 생각하고 프로세스는 간과한다.

- 네 번째 핵심 개념은 극적인 개선dramatic improvement이다. 우리는 단순히 한 자리 숫자의 몇 % 개선이 아니라, 두 자리 숫자의 개선을 원한다.

사업 프로세스는 고객 가치를 창출하기 위한 일련의 업무를 말한다. 고객은 기업 내에서 일어나는 여러 가지 하위 업무에 대해 전혀 관심이 없다. 고객은 공급자가 재고 관리를 어떻게 관리하는지, 주문이 처리되는지, 매일 아침 공급물자를 실은 트럭이 얼마나 오는지에는 관심이 없다. 고객의 유일한 관심사는 그들이 주문한 상품이 제때 오는지, 그리고 그들이 예상한 만큼의 품질이 보장되는지이다.

해머는 현대 조직이 겪는 문제는 업무와 관련되어 있다기보다 프로세스와 관련이 되어 있다고 지적한다. 기업이 겪는 문제는 직원 개인의 업무와 성과 (수직적 관점)와 무관하다. 각 업무가 어떻게 서로 엮여서 하나의 목표를 달성하느냐(수평적 관점)는 프로세스 상의 문제이다.

수직적 구조에서 수평적 구조, 즉 고객 지향적 프로세스로 이동하는 것을 조직 재편성delayering of organization이라고 부른다.

리엔지니어링의 적용

리엔지니어링은 굉장히 매력적인 콘셉트이다. 하지만 현실에서는 어떻게 적용될까? 화물 트럭 전문 자동차 회사를 상상해보자. 이 회사 조직은 이렇게 구성되어 있다. 영업 부서가 따로 있으며, 분리된 고객 서비스 센터와 분리된 차량 정비 부서가 있다. 세 가지 기능 부서 모두 모양과 크기만 다를 뿐다 고객과 관련이 있다. 만약 해머가 이 기업의 조직을 재편성한다면, 제일먼저 이 부분을 해결했을 것이다. 타깃 고객이 누구고, 그들의 니즈는 무엇인가? 결국 이 세 부서의 모든 단계의 절차는 고객이 지불해야 한다. 고객군이 세 가지가 있다고 가정해보자.

- 개인 고객 – 자동차 할부 대출, 차량 색상과 자전거 거치대 같은 옵션에 대해 궁금해한다. 그들은 마일리지가 적고 차량 정비를 몇 주 전부터 계획한다.
- 소기업과 중견기업 – 차량 리스, 재정적인 문제와 대체 차량에 대해 알고 싶어 한다. 그들은 마일리지가 많고 즉각적인 서비스를 필요로 한다.
- 대형기업의 경영자 – 행정적인 부담을 줄이고 운전자의 운전 습관을 개선할 수 있는 방법에 대해 알고 싶어 한다. 이 고객군은 모든 계획과 정비 업무를 아웃소싱하고 싶어 한다.

해머가 재편성한 세상에서, 이 세 가지 고객군에는 각자 다른 프로세스가 필요하다. 따라서 각 고객군에게 맞춤화된 영업 사원, 고객지원 스태프와 정비 사원을 고용한다. 맞춤화된 팀들은 개별 기능 부서에 배치되지 않고, 하나의 프로세스 팀으로 협력하여 각자의 고객 만족의 극대화에 집중한다. 세 가지 고객군이 같은 서비스를 여러 부서에서 받지 않고, 하나의 부서에서 각고객군에 맞춤화된 서비스를 제공하게 된다.

이런 접근 방식은 여러 결과로 귀결된다. 직원들은 고정된 과업 지향적 부서에서의 안정적인 삶을 잃게 된다. 새로운 부서는 케이스 팀^{case team} 으로 불리고, 다양한 능력과 배경을 가진 사람들이 팀원이 되어 한 가지 프로세스를 위해 일하고 구체적인 고객의 수요에 부응해야 한다.

해머는 고객에게 전체 서비스를 제공할 수 있는 케이스 전문가^{caseworker} 의 수요가 늘 것이라고 예측한다. 케이스 전문가는 IT 기술에 많이 의존한다. 해머의 접근법은 경영 방식의 변화도 불러올 것이다. 재편성된 조직은 직원들이 훨씬 더 자율적으로 의사결정을 할 수 있고, 기능 부서 간 의사소통이 필요가 없기 때문에, 경영관리자의 숫자가 줄어들 수밖에 없다.

사실상 경영관리자가 수행하는 역할은 두 가지로 줄어들었다. 첫 번째는 프로세스 리더로서의 역할이다. 프로세스 리더는 그들이 맡은 팀의 프로세스를 책임진다. 두 번째는 코치 역할이다. 코치는 팀원이 기술과 전문지식을 적정 수준으로 유지할 수 있도록 관리하는 역할을 한다.

이 두 가지 경영관리자의 역할은 미식축구 팀의 캡틴과 코치의 역할과 비슷하다. 캡틴은 팀원과 함께 시합을 뛰면서, 프로세스에 개입한다. 코치는 필드 밖에서 캡틴과 팀원이 최상의 컨디션으로 뛸 수 있도록 해준다.

해머의 아이디어는 여러 사람의 입장에서 큰 변화를 야기하기 때문에 반대하는 사람들이 많다. 하지만 사람들이 과업 지향적인 기능 부서에서 사업을 지속적으로 운영하게 되면, 고객의 목소리보다는 상사와 동료의 목소리에 더 큰 가치를 두게 된다. 해머는 직원들이 고객의 니즈에 집중하려면, 부서를 해체하고 프로세스 지향적인 접근 방법을 수용해야 한다고 말한다.

마커스 버킹엄
강점기반 접근 방식

우리가 실수로부터 배우는 것은 실수의 특징이다.
만약 성공하고 싶다면, 성공으로부터 배워야 한다.

마커스 버킹엄

◇◇◇◇◇◇◇◇◇◇◇◇◇◇◇◇◇◇◇◇◇◇◇◇◇◇◇◇◇◇◇◇◇◇◇◇

마커스 버킹엄Marcus Buckingham(1966~)은 현재 국제적인 강연자로서 인기가 높다. 하지만 영국에서의 어린 시절 그는 '말더듬이 버킹엄'이라고 놀림을 당했다. 어느 날 그는 친구들 앞에서 피할 수 없는 발표를 하게 되었다. 그런 데 그는 청중 앞에 서자 놀랍게도 언어장애가 거짓말처럼 사라지는 것을 체험했다.

버킹엄은 영국 케임브리지 대학에서 공부를 마친 뒤, 미국의 유명한 조사 컨설팅 업체인 갤럽에서 일을 하게 된다. 그는 성공적인 관리 접근법에 대해 연구했고, 강점 강화 접근법strength-based development approach을 발견했다. 이 접근 법은 나중에 갤럽의 임원이자 심리학자인 도널드 클리프턴에 의해 대중화 되었다.

17년 동안 갤럽에서 일하다가, 버킹엄은 작가이자 경영 트레이너로서 독립하게 된다. 〈오프라 윈프리 쇼〉와 〈래리 킹 쇼〉에 출연한 덕분에 그는 금방 스타의 자리에 오를 수 있었다. 그의 글과 강연에서, 버킹엄은 이것 한 가지를 가르친다. "당신의 강점을 기반으로 일을 하라."

이번 장에서는 버킹엄의 강점 강화 철학strength-based development philosophy과 이 접근법에 대한 갤럽의 통찰과 조언에 대해 다룬다.

왜 '강점'에 초점을 맞추어야 하는가?

다시 한 번 열두 살이 되어 성적표를 들고 집에 돌아왔다고 상상해보자. 당신의 성적은 평균으로 열두 과목 중 아홉 과목에서 B와 C를 받았다. 두 과목에서는 A⁺를 받았다. 하지만 한 과목은 F로 낙제점을 받았다. 부모님은 어떤 점수를 눈여겨볼까? 어떤 과목에 가장 많은 관심을 가질까? 갤럽은 여러 나라에서 부모가 이와 같은 성적에 어떻게 반응하는지 조사했다. 공교롭게도 모든 나라의 부모 중 과반수 이상이, 또 어떤 나라는 80% 이상이 낙제점에 주목했다. 정말 소수의 부모만이 아이가 잘하는 과목에 집중했다.

우리 일상은 '복구 본능repair thinking'에 의해 지배된다. 가정이나 학교에서뿐만이 아니라 기업과 기관에서도 이 논리가 지배적이다. 성장과 개선을 위해 잘못된 것을 바로잡으려고 한다. 당신은 성적표의 F를 C로 바꾸려고 애를 쓴다.

기업의 성과 인터뷰도 대부분 같은 방식으로 이루어진다. 기업이 사용하는 평가서의 단어만 봐도 알 수 있다. 강점은 '강점strengths'이라고 부르지만 약점은 '개선 과제areas of improvement' 또는 '개발 과제areas of development'라고 부른다. 그 결과 F를 C로 바꾸는 데 많은 에너지와 교육비를 투자한다. 갤럽이 조사한 바에 의하면, 고작 17%의 직원이 자신의 강점을 업무에 활용했다.

한 가지 분명히 하자면, 강점기반 개발은 당신이나 다른 사람들의 실수와 약점을 보고도 모르는 척하라는 의미가 아니다. 조직 내 문제가 발생했을 때, 이를 해결하는 최고의 방법은 조직원의 강점을 활용한다는 것을 의미한다. 만약 전 직원이 꾸준히 강점을 개발하고 활용한다면, 조직 전체가 강해질 수 있다.

우리 성적표에 한두 개의 F는 늘 있을 것이고, C로 점수를 올려야 하는 지식 분야도 있을 것이다. 문법 실수를 하는 선생님이 자기 문제를 간과해서도 안 되며, 계산 실수를 하는 회계사 역시 그 문제를 간과해서는 안 된다. 그러나 개인, 팀, 또는 기업의 진정한 탁월함은 F를 C로 바꾸어서 이뤄낼 수 없다. 사고와 행동의 강점에 집중할 때 비로소 성공할 수 있다. 드러커 역시 같은 말을 했다.

고객 역시 직원이 강점을 활용할 수 있도록 하는 기업을 좋아한다. 사람들은 '특별한 문제 없는' 기업에 열광하지 않는다. 직원이 '기대 이상'의 능력을 발휘하는 기업에 열광한다.

어떻게 나의 강점을 알 수 있는가?

버킹엄의 접근법을 사용하려면, 자기 강점이 무엇인지 알고 있어야 한다. 어떻게 찾을 것인가?

일주일 동안 당신의 주요 일과를 기록한다. 특정 행동이 당신을 자신 있게 해주었는지 또는 자신 없게 만들었는지 써본다. 버킹엄의 관점에서 당신의 '강점'은 당신이 잘하는 일뿐만이 아니라, 당신에게 자신감을 주는 일이기도 하다.

- 성공 Success : 당신이 잘하는 일
- 소질 Instinct : 다음이 기다려지는 일
- 성장 Growth : 개발의 여지가 있는 일
- 필요 Need : 만족감을 느끼는 일

당신이 기록한 일과를 강점의 네 가지 특징인 SIGN과 비교해본다.

- S는 Success 성공를 의미한다. 이것은 당신이 잘하는 일이다.
- I는 Instinct 소질를 의미한다. 이것은 일을 하기 전 기다려지는 일이다.
- G는 Growth 성장를 의미한다. 이것은 당신을 더 개발할 수 있는 일이다.
- N은 Need 필요를 의미한다. 이것은 당신이 필요를 충족시킨 것처럼, 충만감을 느낄 수 있는 일이다.

그다음 당신의 강점 세 가지를 나열한다. "나는 ○○○를 할 때 자신감이 생긴다"라고 적은 다음 강점을 쓴다. 그리고 낭신의 약섬 세 가지도 나열한다. "나는 ○○○를 할 때 자신감이 없어진다." 그다음 매일같이 이 리스트를 본다.

당신의 강점이 무엇인지 알고 나면, 그것을 직장에서도 인생에서도 더 많이 활용할 수 있다. 그렇다고 직업을 바꿀 필요는 없다. 버킹엄은 몇 가지 제안을 한다.

- 강점에 집중한다는 것은 약점에 시간을 덜 낭비한다는 것을 의미한다. 당신이 못하는 업무를 아무도 눈치채지 않고도 멈출 수 있게 된다. 한번 시도해 보라.
- 또 시도해볼 일은 당신이 잘 못하는 일을 잘하는 사람과 교환하는 것이다.
- 다른 방안은 당신이 수행하는 업무 중에서 강점을 활용할 수 있는 방법을 모색하는 것이다.
- 마지막 방안은 당신의 업무가 아니더라도 당신의 강점이 드러날 수 있는 일이면 자원해서 그 일을 하는 것이다. 그렇게 되면 당신의 강점이 훨씬 더 두드러져 보일 것이다.

버킹엄은 주 단위로 당신의 성과를 기록하라고 조언한다. 일과의 몇 %를 강점을 활용하는 데 사용했고, 또 몇 %를 약점에 사용했는가? 그리고 항상 일주일 전에 어떻게 그리고 언제 당신의 강점을 업무 내에서 활용할지 계획한다. 그렇게 하면 당신이 강점을 활용하는 시간이 매주 늘어나게 될 것이다.

분기마다 상사에게 당신의 강점을 어필하고, 이번 분기 가장 큰 성과가 무엇인지 물어본다. 마지막으로 6개월에 한 번 일주일 동안 당신의 강점을 재점검한다. 당신의 강점은 항상 성장하고 있다는 것을 잊지 말아야 한다.

강점 위주로 일하기

버킹엄은 많은 성공한 사람들이 공통으로 보이는 특징을 뽑아서 모방하는 것만큼은 지양하라고 충고한다. 만약 성공적인 사람들에게 공통점이 한 가지 있다면, 그들이 강점에 집중하고, 강점을 통해 약점을 보완하는 방법을 고안한다는 것이다.

따라 해서는 안 될 한 가지 예는 미국의 전자 회사 베스트 바이의 전철을 밟는 것이다. 한 열정적인 매장 책임자가 직원 일동에게 호루라기를 나눠주었다. 그리고 동료가 고객에게 우수한 서비스를 제공할 때마다 호루라기를 불게 했다. 그 결과 매장 여기저기 열정과 소음이 가득했다!

베스트 바이의 이사진이 이 시스템을 도입한 매장을 관찰하고, 다른 매장에도 이 호루라기 문화를 소개했다. 그러나 다른 매장에서는 상이한 결과가 나왔다. 어떤 매장에서는 성공적이었지만, 다른 매장에서는 도리어 역효과만 났다. 당연한 결과였다. 첫 번째 매장에서 호루라기가 성공한 이유는, 호루라기를 부는 것이 매장 책임자의 장점 그리고 열정적인 성격과 맞아떨어진 것뿐이었다.

강점기반 개발은 여러 가지 좋은 영향을 가져다준다. 그중 가장 큰 혜택은 동기부여에 굉장히 좋다는 것이다. 갤럽 조사에 따르면 '약점 복구' 개발 접근법을 사용한 기업은 직원의 9%만이 동기부여가 된다고 응답했고, 반대로 강점기반 접근 방식을 사용한 기업은 73%의 직원이 동기부여가 된다고 응답했다. 이것은 여덟 배나 높은 동기 수준임에도, 많은 자본 투자가 필요하지 않고, 단순히 나와 사람들에게 새로운 경영관점을 심어주는 것만으로도 가능하다.

버킹엄은 직원들이 다섯 가지 '기본 욕구basic needs'를 느낀다고 말한다.

- 직장에서 나에게 무엇이 요구되는지 아는 것
- 업무에 필요한 자원과 지원을 얻는 것
- 내가 가장 잘하는 것을 매일 할 수 있는 기회를 얻는 것
- 최소 일주일에 한 번은 내가 잘한 일에 칭찬을 받는 것
- 나에게 개인적으로 신경 써주는 상사

버킹엄은 기업이 직원을 고유한 개인으로 존중해주는 것이 중요하다고 말한다. 결과적으로, 기업에 너무 많은 규칙이 있으면 생산성을 떨어뜨리게 된다. 똑똑한 경영자는 사람을 쉽게 바꿀 수 없다는 것을 잘 알고 있다. 그렇기 때문에, 직원의 약점보다는 강점에 집중한다. 조직을 잘 구성하는 일은 단순히 기업의 니즈와 직원의 강점을 꾸준히 연결하는 작업이다.

조직에 대한
다른 관점

기업은 마을과 같이 당신이 속할 수 있는 공동체가 되어야 한다.

아무도 마을을 소유하지 않는다.

당신은 마을의 일부이고 권리가 있다.

찰스 핸디

지금까지 민츠버그, 피터스, 해머 그리고 버킹엄의 조직이론을 상세하게 다루어봤다. 이제 다른 경영사상가의 조직이론에 대해 훑어보겠다. 이 장에서 살펴볼 주제는 프로세스 관리의 기술적인 측면부터 필자가 개인적으로 가장 좋아하는 주제인 일상에 동기부여를 주는 것들이다.

찰스 핸디: 근무 유연성

찰스 핸디(1932~)는 아일랜드 사람이고, 셸 정유회사에서 일하다가 MIT

와 런던 비즈니스 스쿨에서 강의를 했다. 그는 조직관리 이론에 대한 책과 신앙에 대한 책을 몇 권 썼다. 이제 업무 관리에 내한 그의 세 가지 제안을 살펴보도록 하겠다. 그의 제안은 근무 유연성에 중점을 둔다.

토끼풀 조직

토끼풀은 세 잎 클로버이다. 핸디는 이것을 미래 조직의 상징으로 사용한다. 토끼풀 조직은 세 가지 요소로 구성되어 있다.

- 핵심 전문가
- 외부 계약자
- 유연한 노동인력

핵심 전문가는 기업의 존속을 위해 목표를 수립한다. 엔지니어와 경영자로 이루어져 있고, 높은 급여와 보너스로 보상을 받는다. 핸디는 많은 기업이 핵심 전문가 인력의 규모와 비용을 최소화하려고 애쓴다고 지적한다.

핵심 전문가 인력과 더불어, 조직은 외부 계약자도 필요로 한다. 외부 계약자는 다른 분야의 전문가로 핵심 전문가보다 적은 비용으로 비핵심활동을 더 잘 수행할 수 있다. 예를 들면 식당, IT 또는 홍보 전문가를 생각해볼 수 있겠다. 이들은 업무가 상당히 고정적이고, 월급을 받지는 않지만, 클라이언트에게 업무에 대한 비용을 청구한다.

마지막 구성원은 유연한 노동인력이다. 외부 임시 계약직의 수요는 빠르게 증가하고 있다. 핸디는 기업이 계약직에게도 교육을 제공하고 계약기간도 근로자 입장에서 배려하는 자세를 가져야 한다고 말한다. 이렇게 하면 양질의 노동을 보장할 수 있다.

코끼리와 벼룩

개별 사업가, 혹은 직원이 없는 1인 기업이 조직의 두 번째와 세 번째 클로버 잎에서 일하는 것을 발견할 수 있다. 핸디는 이 거대 조직을 '코끼리'라고 표현하고, 1인 기업을 '벼룩'이라고 표현한다. 벼룩은 세 가지 갈등을 겪는다.

1. 벼룩은 자유롭지만, 어디에도 속하지 않는다. 그들은 조직이라는 틀에 묶여 있지 않지만, 머물 '집'이 없다는 것에 신경이 쓰인다.
2. 벼룩은 열정을 추구한다. 일을 스스로 계획할 수 있는 사람은 다른 사람이 정해준 업무를 수행하는 것보다 자아실현을 하는 것이 훨씬 더 중요하다.
3. 배우는 것이 어렵다. 큰 조직에는 사내 교육 프로그램과 교육 관리자가 있다. 그렇지만 1인 기업가는 자기 교육을 직접 책임져야 한다.

벼룩으로서 당신은 스스로 해결책을 마련해야 한다. 예를 들면, 다른 여러 벼룩들과 함께 일할 수 있다. 또 당신의 소명을 찾기 위해 여러 가지 직업을 경험해볼 수 있다. 전문잡지를 구독하거나 야간 대학을 다닐 수도 있다. 기회는 무궁무진하지만 그 기회를 현명하게 사용해야 한다.

코끼리로서 당신은 벼룩의 니즈를 충족해줄 수 있다. 만족한 벼룩들과 좋은 관계를 유지하는 것은 코끼리의 성공에 기여한다. 따라서 개별 사업자를 위한 만찬 자리를 마련한다. 당신이 정기적으로 고용하는 프리랜서를 위한 업무공간을 마련한다. 당신의 일을 하고 있지 않을 때도 이 공간을 자유롭게 쓸 수 있게 해준다. 그들이 사내 교육 프로그램에도 참여할 수 있게 해준다.

포트폴리오 작업

벼룩으로서, 당신은 몇 가지 혜택을 누림과 동시에 갈등을 겪고 있다. 핸디에 의하면, 벼룩은 그들이 하는 일의 중요성과 다양한 '포트폴리오'를 위한 시간 안배에 더 신경 쓴다고 한다. 핸디는 다섯 가지 업무와 시간 안배를 구분한다. 첫 두 가지 업무는 돈을 받고 하지만, 나머지는 무료로 하는 일이다.

1. 임금노동: 당신의 '시간'을 고객에게 판다.
2. 수수료노동: 당신의 성과를 고객에게 판다.
3. 가사노동: 가정과 아이를 돌본다.
4. 자원봉사: 자원봉사 또는 공동체 활동에 참여한다.
5. 학습: 최신 지식을 습득하거나 새로운 능력을 개발한다.

자율적인 근무는 매력적으로 보이지만, 많은 사람이 스스로 결정하는 것을 어렵게 느낀다고 한다. 포트폴리오에 대한 시간 안배와 미래에 하고 싶은 일을 분석하면 구체적인 방법을 고안할 수 있다. 당신이 가진 기회와 위기가 어떤 것인지 구체적으로 표현한다. 어떻게 기회를 잡을 것인가? 그리고 어떻게 위기를 관리할 것인가?

워맥 & 존스: 린 조직

린Lean 접근법은 조직 내 프로세스를 개선하는 방법으로 1980년대 후반에 개발된 접근법이다. MIT 공대의 한 연구진이 14개국의 자동차 생산과 일본의 자동차 산업의 성공에 대해 분석했다.

제임스 워맥(1948~)과 대니얼 존스(1948~)가 공동으로 이 연구를 진행했다. 《린 생산The Machine That Changed the World》이라는 책과 연구 및 교육 비영리 단체인 린경영연구원Lean Enterprise Institute을 통해 그들은 비즈니스 세계에 린 경영을 전파하고자 한다.

워맥과 존스의 아이디어는 앞서 살펴본 해머의 이론과 이 책의 후반에 소개될 골드렛의 이론과 비슷하다. 린 경영은 프로세스 품질의 개선과 자원 낭비 개선을 위한 다섯 가지 핵심 원리로 이루어져 있다.

1. 가치Value. 해머와 마찬가지로, 워맥과 존스는 프로세스의 끝부분인 고객에서 시작했다. 고객이 무엇을 원하는가? 어떤 상품 또는 서비스가 언제 어떤 가격에 제공되어야 하는가? 다시 말해, 고객은 가치를 어떻게 정의하는가?
2. 가치 흐름Value stream. 고객 가치 실현을 위해 어떤 작업이 필요한지 알아본다. 가치 흐름은 고객에게 상품을 제공하기까지의 모든 작업과정을 말한다. 프로토타입에서 제품 출시까지, 주문에서 배송까지, 원자재에서 완제품까지의 프로세스를 의미한다.
3. 흐름Flow. 프로세스의 흐름이 흐트러지지 않게 유지한다. 업무 지연을 막

고, 일이 쌓이지 않도록 한다. 하나의 공정이 완료된 즉시 그다음 공정으로 전달하여 지속적으로 제품이 고객에게 제공될 수 있도록 한다.

4. 끌기^{Pull}. 기업은 고객이 주문한 양만큼만 생산을 한다. 고객이 기업을 통해 프로세스와 업무를 이끈다.

5. 완벽지향^{Perfection}. 린 작업을 반복적으로 수행하여 고객 가치 창출 과정에서 자원이 전혀 낭비되지 않도록 한다. 완벽을 추구한다.

린 접근법의 핵심 요소 중 하나는 조직과 프로세스 상의 낭비를 방지하는 것이다. 워맥과 존스는 기존의 일곱 가지 낭비 항목에, 재능 낭비를 추가하여 총 여덟 가지 낭비 항목을 만들었다.

1. 운송^{Transportation}: 필요 없는 원자재, 제품과 기타 비품을 운송하는 것.

2. 재고^{Inventory}: 당장 프로세스에 사용되지 않는 원자재를 창고와 부서 안에 쌓아두는 것.

3. 이동^{Movement}: 프로세스에 필요한 것 이상으로 인력과 장비를 더 이동하는 것.

4. 대기^{Waiting}: 부서 간 대기시간과 프로세스 상 계획에 없던 업무 지체.

5. 초과생산^{Overproduction}: 너무 이르게 생산하거나 고객의 수요 이상으로 생산하는 것.

6. 불필요 공정^{Unnecessary processing}: 제품이 잘못 설계되거나 기계가 제대로 작동하지 않아서 생기는 추가 업무.

7. 결함Defects: 결함을 찾아내고 오류를 수정하는 업무.

8. 재능 낭비Wasting talent: 사용 가능한 지식, 경험과 창의력을 썩히는 것. 이 것은 매장에서 장기간 제안 내용을 듣는 일도 포함됨.

린 경영은 도요타 공장의 경영 방식에서 착안한 아이디어이다. 하지만 워 맥과 존스는 도요타의 경영 방침의 많은 부분이 프레더릭 테일러와 헨리 포 드의 아이디어를 표방했다고 반박한다. (테일러와 포드의 경영이론은 이미 리더 십에서 다루었다.)

오늘날에는 린 접근법이 생산과정에서만 쓰이지 않고, 병원 같은 서비스 조직의 프로세스 개선에도 활용된다.

프레드 루선스: 심리 자본

우리는 이미 리더십에서 프레드 루선스를 만나보았다. 그의 연구는 행동 과학과 심리학을 경영관리와 경영학에 접목시킨 것이다. 루선스는 전통적인 물적, 구조적, 재무적 자원보다 인적자원이 경쟁기업에서 베끼기 어렵다고 말한다. 그는 심리 자본psychological capital이 지난 몇 년간 기업에서 중요한 자산 이 되었다고 생각한다.

조직의 심리 자본은 네 가지 요소로 구성되어 있다. 희망hope, 자기효능감 self-efficacy, 탄력성resilience, 낙관주의optimism이다. 루선스의 연구에서는 이 네 가 지 요소가 서로 시너지 효과를 낸다는 것을 보여준다. 각 요소를 간단하게 살펴보겠다.

1. 희망hope은 목표를 달성하려는 의지와 목표를 달성할 방도가 보이는 것이 결합된 것이다. 희망은 목표를 설정하는 것 외에도 직원들에게 목표를 달성해야 하는 이유를 제공해주는 것을 통해 극대화될 수 있다. 직원과 함께 목표 설정을 하고, 목표를 달성했을 때 보상을 해주고, 목표 달성 방법에 대해 같이 고민해보고, 사람들이 잘하는 것을 할 수 있게 해주는 것, 목표와 관련된 업무교육을 하는 것 모두 도움이 된다.

2. 자기효능감self-efficacy은 당신이 성공적으로 업무를 수행할 수 있다는 확신이다. 과업을 성공적으로 완수하는 경험과 습관, 직원들이 서로 모르는 것을 가르쳐주는 것, 직원에게 수행 가능한 업무를 배분하는 것, 작은 성과에도 칭찬하는 것을 통해 자기효능감을 증진시킬 수 있다. 조직 내 좋은 업무 분위기도 직원의 자기효능감에 기여를 한다.

3. 탄력성resilience은 도전적이거나 위기 상황에서도 성공적으로 적응하는 능력이다. 미리 위험에 대해 분석하고 위험에 굴하지 않고 버티는 방법을 찾는 것이 탄력성을 증진시킨다. 변화나 차질이 빚어질 때는, '실현 가능한 일'에 먼저 집중하는 것이 도움이 된다. (마커스 버킹엄이 제시한 접근법이기도 하다. 나중에 데이비드 쿠퍼리더의 이론에 대해 논의할 때 다시 거론될 것이다.)

4. 낙관주의optimism는 긍정적인 사건이 개인의 능력으로 인한 것이라고 보는 세계관이다. 낙관주의는 다양한 방법으로 장려할 수 있다. 예를 들면, 실수를 배움의 기회라고 해석하는 것, 자기가 통제할 수 없는 일에 연연

해하지 않는 것, 조직과 업무의 좋은 점에 대해 표현하는 것, 미래 기회를 모색하는 것 모두 낙관주의를 증진시킨다.

루선스는 경영자에게 단기 목표 달성에만 집중하지 말고, 조직의 심리 자본을 개발하는 데 집중하라고 권고한다. 경영자로서 중요한 것은 목표를 달성하는 과정에 인적자원을 탕진하기보다 육성할 수 있어야 한다는 것이다.

심리 자본을 강화하면 조직의 생산성과 유연성이 높아진다. 연구 결과에 의하면, 직원들의 희망, 자기효능감, 탄력성과 낙관주의는 성과와 만족도 개선, 결근과 냉소주의를 감소시켜 기업에 효과적인 변화를 가져온다고 한다.

테레사 에머빌: 조직 동기부여

테레사 에머빌(1950~)은 하버드 비즈니스 스쿨의 교수이며 《전진의 법칙The Progress Principle》(정혜출판사)의 공동저자이다. 이 책은 3년간 238명의 고등교육을 받은 직원들을 대상으로 한 연구 결과이다. 그들은 미국의 세 가지 다른 사업 분야의 일곱 개 기업의 26개 프로젝트 팀에 속한 직원들이었다. 그들은 프로젝트 기간을 통틀어, 매일같이 업무가 끝나면 그날 일과에 대해 설문지를 작성했다. 설문지의 주요 항목은 오늘 업무 중 특별히 기억에 남는 일 한 가지를 간단하게 설명하는 것이었다. 총 12,000개의 일기를 토대로 에머빌은 전진의 법칙progress principle을 만들었다.

에머빌은 '내면의 직장생활inner work life'을 수십 년간 연구해왔다. 내면의 직장생활은 세 가지 요소로 이루어져 있다.

- 인식Perceptions: 조직, 동료, 업무, 성과에 대한 인식
- 감정Emotions: 업무 중 발생한 사건에 대한 감정
- 동기부여Motivation: 업무에 대한 열정. 인식과 감정이 서로에게 영향을 미치고, 동기부여를 이끌어낸다.

에머빌의 연구에 따르면 긍정적인 인식, 감정과 동기부여, 혹은 통틀어서 긍정적인 내면의 직장생활이 창의력, 생산성, 참여율과 팀의 연대 의식을 높여준다. 물론 그는 경영자가 어떻게 이 요소를 장려할 수 있을지 궁금해했다. 정답은 모호했다. 에머빌은 연구 결과를 발표하기 전에 600명의 경영자를 대상으로 직원들에게 동기부여를 어떻게 하는지 물어보았다. 경영자들은 다음 네 가지를 손꼽았다.

- 인정Recognition: 좋은 성과에 대한 칭찬
- 명확한 목표Clear goals
- 인센티브Incentives: 보상
- 대인 협력Interpersonal support: 사람들끼리 서로 돕는 것

안타깝게도 이 리스트는 정확하지 않다. 에머빌의 연구에 의하면, 진전progress이 일반적인 일과를 훌륭한 일과로 만드는 마법의 재료라고 한다. 에머빌은 이것을 의미 있는 업무 진전이라고 부른다.

오늘날 사람들은 일반적으로 직장에서 강한 유대감을 경험한다. '작은 승리small wins' 즉 점진적인 발전이 동기부여에 강하게 작용할 수 있다는 것을 발견했다. 약간의 후퇴도 예상 밖의 긍정적인 결과를 가져오기도 한다.

경영자는 진전에 장애가 되는 것을 제거하는 일에 집중해야 한다. 동기부여를 하고 싶다면, 일방적으로 목표를 설정하거나 업무자격을 박탈하지 않아야 한다. 직원들이 의미 있는 업무진전을 경험하게 되면, 조직이 빠르게 진보할 것이다. 진전의 경험은 긍정적인 내면의 직장생활을 도모하고, 그것이 다시 진전할 수 있는 기회를 마련해준다. 후퇴를 경험하면 반대로 부정적인 내면의 직장생활과 성과부진을 야기할 수 있다.

전진 외에 내면의 직장생활에 영향을 미치는 요인은 촉매catalysts와 영양소nourishers이다. 경영자는 이 두 가지 요인을 활성화시킬 수 있다.

- 촉매catalysts는 업무를 지원하는 일을 말한다. 과업지향적task-oriented 지원이라고도 부른다. 에머빌은 일곱 가지 촉매로 명확한 목표 세우기, 자치권 부여하기, 가용자원 확보하기, 업무수행에 충분한 시간 주기, 업무수행 원조하기, 실패와 성공으로부터 배우기, 직원들이 자유롭게 의견을 개진할 수 있도록 만들기를 뽑는다.
- 영양소nourishers는 내면의 직장생활을 도와주는 일을 말한다. 인간중심의 people-oriented 지원이라고도 부른다. 영양소는 직원을 존중하고 인정하기, 서로 격려하기, 공감하기와 좋은 대인관계 유지하기, 이렇게 네 가지로 나타난다.

요약하면 현대의 지식노동자가 최상의 성과를 내기를 원하는 조직은 구조, 프로세스와 경영을 통해, 과업지향적 지원과 인간중심의 지원을 아끼지 않으며, 직원들이 매일같이 진전을 경험할 수 있게 해주어야 한다.

사실 직원들도 이 과정에 참여할 수 있다고 에머빌은 말한다. 실험 참여자들이 그랬던 것처럼, 오늘 가장 기억에 남는 일을 기록하는 업무일지를 작성하는 것이다. 업무일지는 진전의 경험을 토대로 써야 한다. 내일 의미 있는 업무진전을 위해 무엇을 할 것인지 적는 것도 좋은 방법이다.

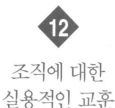

12

조직에 대한
실용적인 교훈

2부에서 우리는 여러 가지 통찰과 조언을 살펴보았다. 이제 백만 달러짜리 질문을 하겠다. 오늘부터 바로 업무에 활용할 수 있는 핵심 조직이론은 무엇인가?

> **조직에 대한 핵심 교훈**
>
> ❶ 조직구조가 구성원의 행동을 좌우한다.
> ❷ 고객은 고객중심의 단일 프로세스를 원한다.
> ❸ 구성원의 강점이 발휘되도록 한다.

1. 조직구조가 구성원의 행동을 좌우한다.

사람들은 조직의 형상을 부여한다. 그러나 조직 역시 사람의 행동을 만든다. 민츠버그, 피터스, 해머, 블랜차드 등 많은 경영사상가들이 이것을 입증

한다. 어떤 심리학자를 붙잡고 물어봐도 환경이 우리 행동에 직접적인 영향을 미친다고 대답할 것이다. 큰 접시를 사용하면 무의식적으로 많이 먹게 되거나 큰길에서는 빠른 속도로 운전하게 되는 것처럼 말이다.

BSO는 필자가 가장 좋아하는 예이다. 이 기업의 성공은 조직구조를 통해 가능했다. 에커트 윈첸이 경영하는 국제 IT 컨설팅 업체 BSO는 세포 분열의 법칙을 활용했다. 만약 하나의 지사에서 50명 이상의 직원을 고용하게 되면, 지사를 둘로 나누었다. 자동차 리스 또는 인사 관리 같은 중앙 지원부서가 따로 없었다. 민츠버그의 예제와 연관시키면, 이 세포를 자치 원주민으로 생각해볼 수 있다.

윈첸의 접근법은 주로 중소기업에 적용되고 있다. 하지만 1980년대와 1990년대에 BSO는 20개국에 75개 지사를 두고 있는 대기업이 되었다. 윈첸의 접근법의 강점은 소규모와 대규모 지사의 적절한 결합이었다. 그는 큰 도전에 맞서는 동시에 직원들에 대해서도 예리하게 인식할 수 있는 조직을 만들었다. 윈첸은 이 접근법의 혜택이 야심가들이 자기 이익을 채우는 동시에 기업의 이익도 채울 수 있게 하는 것이라고 강조했다.

조직의 구조는 경영자들이 생각하는 것보다 훨씬 더 중요하다. 사업 운영 환경은 우리 행동과 직결된다. 만약 아무도 나를 알아보지 못하는 회색 사무실에서 일한다면, 우리는 무명의 전문가처럼 행동하게 될 것이다. 우리가 작은 자치 단위로 일하면, 우리는 개인 사업가처럼 행동하게 된다.

2. 고객은 고객중심의 단일 프로세스를 원한다.

프로세스 지향 업무는 기업과 고객에게 중요한 혜택을 가져다준다. 워맥과 존스, 해머와 피터스 같은 경영사상가는 기업이 기능 부서보다는 고객중심의 프로세스를 지향해야 한다고 말한다. 마케팅 직원을 마케팅 직원끼리 모아두고, 인적자원관리 직원을 인적자원관리 직원끼리 모아두기보다는 하나의 팀이 복합적인 기능을 수행할 수 있도록 편성하고, 한 번에 단일 고객군을 상대할 수 있는 단일 프로세스를 두어야 한다.

프로세스 지향 업무는 서서히 점점 더 많은 사업 분야에서 우세해지고 있다. 보건 분야의 예를 들자면, 과거 의사들은 동료들과 상호작용 없이 한 가지 특정 신체 부위에만 집중했다. 이제는 환자 한 명의 케이스를 다룰 때 다양한 분야의 의사들이 함께 협력하는 의료 프로토콜을 운용하는 병원이 증가하고 있다.

프로세스 지향 업무는 금융 분야에서도 유용하다. 셀 수 없이 많은 마케터들과 경리부장이 R&D에서 개발한 제품에 대한 리스크 여부에 무지한 채 고객에게 제품을 판매하고 있다. 지난 몇 년간의 은행 위기는 이것과 연관이 있다. 한 은행이 다년간 모호한 신용 상품을 다른 은행에 판매했다. 그 결과 이 사태는 '금융폭탄financial cluster bomb'이 되었다고 이제와 전문가들이 고백한다.

우리가 만일 B2B 조직에서 일하고 있다면, 잠시라도 이 문제에 대해 생각해볼 필요가 없을 것이다. 하지만 모든 창의적인 금융 프로세스 끝에는 단계별로 돈을 지불하는 고객이 있다. 마치 당신이 택시를 타면, 자동차 시트를 만든 사람에게 봉급을 주는 것과 같은 일인 것이다. 따라서 모든 상품의 가치를 매기는 것은 결국 고객이다.

3. 구성원의 강점이 발휘되도록 한다.

조직 내에서 업무를 분배할 때, 제일 먼저 직원들이 무엇을 잘하고, 어떤 일을 할 때 자신감이 넘치는지 파악해야 한다. 그리고 그들의 강점을 생산적으로 만든다. 버킹엄의 생각이기도 하지만 드러커, 쿠퍼리더와 루선스 같은 경영사상가들이 한목소리로 말했다. 당신의 재능, 능력과 가능성을 활용하는 것은 당신이 성공할 확률을 높여준다. 이것은 자신감 상승, 높은 동기부여와 직무만족 등 몇 가지 심리적인 이점도 제공한다.

미국의 온라인 소매업체 Zappos는 직원들이 못하는 일을 하지 않게 만드는 특별한 방법이 있다. 신입사원이 Zappos의 4주간의 오리엔테이션을 받고 퇴사하기로 결정한다면, 그들은 월급에 2,000달러의 보너스 퇴직금을 지급한다.

CEO 토니 셰이는 이것이 잘못된 사람을 채용하는 것보다 훨씬 더 비용 면에서 효율적이라고 말한다. Zappos는 우수 고객 서비스를 자랑한다. 라스베이거스의 직원 1,600명은 Zappos의 고객만족을 위해 모든 수단을 동원한다. 예를 들면, 만약 고객이 Zappos에서 원하는 상품을 찾지 못하면 다른 웹사이트에서 그 상품을 찾을 수 있게 도와준다.

모든 사람이 이런 비즈니스 문화에 맞을 수는 없다. 그렇기 때문에 Zappos는 Zappos만의 오리엔테이션 프로그램과 '퇴직 보너스 오퍼'가 있는 것이다. 오퍼를 거절하는(97%) 직원들을 위해 셰이가 직접 졸업식을 치러준다.

최근에 HRM 상무이사 한 명이 또 다른 접근법을 알려주었다. "많은 인사부서의 조직도를 살펴보면 사람들의 직급과 능력이 박스와 네모로 표시되어 있는 경우가 많다. 하지만 우리 회사 직원들은 네모가 아니라 동그라미이다. 그래서 인사부서에서 계속 동그라미를 네모에 끼워 맞추려는 줄다리기를 하게 된다." 그녀는 180도 전향하라고 제안한다. 사람들이 둥글다는 것을 인정하고 직급을 둥글게 깎는 것이 원을 각지게 만드는 것보다 훨씬 수월하다.

3부

전략
Strategy

전략
Strategy

- 전략 개발을 할 때 필요한 핵심 질문은 무엇인가?

- 성공적인 전략적 혁신: 어떻게 해야 하는가?

- 전략에서 비즈니스 모델까지의 9단계

전략의 모든 것은 차별화로 귀결된다. 남들과 다르고 특별하고 독특해지는 것이다. 말하기는 쉽지만, 실현은 어렵다. 컨설턴트로서 필자는 여러 사업가와 경영자에게 전략에 대해 물어보았다. 대답은 모두 같았다. 고품질 저가격의 제품을 고객에게 제공하는 것이라고 했다. 이때 다음과 같이 조금 더 자세한 설명을 요구하면 그들은 조금 짜증을 낸다. 고품질은 어떤 것을 의미하나? 다른 경쟁회사와 정말 다른 일을 하고 있다고 생각하는가? '저가격'은 최저가격을 말하는가? 이러한 질문에 대해 제대로 답할 수 있는 기업은 많이 없다.

전략의 특성 때문에 그런 것일 수도 있다. 우선 전략은 선택을 잘하는 것이다. 특히 장기적 선택을 잘하는 것이다. 하나의 기회를 발견했을 때 붙잡고 포기하지 않는 것이다. 그 대신 나머지 기회는 장기적으로 지나쳐야 한다.

두 번째 특징은 우리가 대부분 힘들어하는 것이기도 하다. 필자 역시 계산대에 설 줄을 고를 때 항상 갈등한다. 이쪽 계산대에 줄을 서면, 다른 쪽 계산대가 훨씬 빠른 것처럼 보인다. 많은 사업가와 경영자가 잠재적 수익 흐름을 포기해야 할 때 많은 갈등을 느낀다. 그들은 항상 선택지를 열어놓고 싶어 한다. 그들은 모두를 만족시키고 싶어 한다. 의도하지 않았겠지만, 결과적으로 그 행동은 색깔 없고 지루한 이류기업을 만든다.

또 한 가지가 있다. 만약 비영리조직 또는 정부기업에서 일하고 있다면, 전략이 늘 추상적일 수 있다. 경영사상가 짐 콜린스는 비영리 기업을 위해 비영리 기업과 함께 일해왔고, 이것에 대해 명확한 조언을 한다. "투입보다 산출을 생각하라." 많은 비영리 기업은 그들이 하는 일이 무엇인지 잘 알고 있지만, 최종 목표를 만드는 데 어려움을 느낀다. 콜린스는 당신이 무엇을 성취하고 싶은지 알아야 한다고 말한다. 당신의 기업이 마을, 도시, 국가 또는 세계에 어떤 영향을 끼쳤으면 좋겠는가? 회사 사람들이 다음 문장을 이어 말할 수 있는가? "우리가 성공한다면, 그다음엔 ……"

따라서 산출의 관점에서 기업을 보고 싶다면, 3부에서 다룰 전략에 관한 내용이 당신에게 도움이 될 것이다. 비영리 기업의 경영자일지라도 말이다.

전략은 굉장히 폭넓은 개념이다. 아주 기본적인 내용을 다루기 때문에 이미 잘 아는 이론일 수도 있다. 우리는 3부에서 다음 질문에 대한 대답을 찾을 것이다. 전략이란 무엇인가? 마케팅은 무엇인가? 어떤 도구가 필요하고 어떻게 잘 조합할 수 있는가? 그다음 우리는 조금 더 구체적인 전략에 관한 통찰에 대해 조사할 것이다. 어떻게 성공적인 혁신을 이룰 것인가? 어떻게 고객과 가까워질 수 있는가? 모두가 이해할 수 있는 전략을 어떻게 세울 것인가?

마이클 포터
경쟁에서 이기기로 마음먹기

전략은 선택하고 절충하는 것이다.
남들과 차이가 나도록 신중하게 선택하는 것이다.

마이클 포터

◇◇◇◇◇◇◇◇◇◇◇◇◇◇◇◇◇◇◇◇◇◇◇◇◇◇◇◇◇◇

마이클 포터^{Michael Porter}(1947~)는 현대 전략 분야의 아버지라고 불리는 세계에서 가장 영향력 있는 경영전략 사상가로 손꼽힌다. 전 세계의 모든 비즈니스 스쿨에서 그의 이론을 가르친다. 그는 연구, 집필 및 교육 외에도 기업, 정부, 사회지도자의 조언자이기도 하다.

포터는 프린스턴 대학에서 항공우주공학을 전공했다. 하버드 경영대학원에서 MBA를 우등으로 졸업했고, 하버드대 경제학 박사 학위를 취득했으며 하버드에서 40년 이상 학생들을 가르치고 있다.

포터는 재미있는 일화나 세상 지혜에 대해 이야기하는 사람이 아니다. 그는 폭넓은 독자층에게 인기 있기보다는 학자, 사업가와 경영자에게 영향을 주는 것에 더 관심 있어 한다. 그렇지만 포터의 이론은 굉장히 간단명료하고 실용적이기 때문에 전 세계 독자들이 그의 책을 애독한다.

전략이란 무엇인가?

포터는 전략에 대해 확고한 의견이 있다. "좋은 전략은 제대로 된 목표에서 시작한다. 그리고 좋은 전략을 뒷받침하는 유일한 목표는 월등한 수익률이다." 전략은 명확하고 지속 가능한 경쟁우위를 가져다주어야 한다. 이 편익은 궁극적으로 시장에 있는 비슷한 기업보다 높은 이윤과 연결돼야 한다.

월등한 수익률superior profitability을 얻기 위해서는, 반드시 선택해야 할 문제들이 있다. 어떤 시장변화에 대응하겠는가? 어떤 고객에게 초점을 맞추겠는가? 그들에게 어떻게 당신을 홍보하겠는가? 이를 위해 어떤 활동을 하겠는가?

포터에게 전략은 기업의 규모가 크거나, 제품가격이 싸거나, 생산성이 높은가의 문제가 아니다. 핵심 문제는 이런 것들이다. 고객의 관점에서 당신의 기업이 독특하다고 느끼는 것은 무엇인가? 고객에게 독특한 가치제안value proposition을 하기 위해 어떤 다른 일들을 하는가?

독특한 가치제안이 의미 있는 전략이 되려면, 경쟁사와 다른 방법으로 그 가치를 전달해야 한다. 포터는 이렇게 설명한다. "만약 그렇지 않다면, 모든 경쟁사가 동일한 가치를 전달할 수 있기 때문에, 포지셔닝이 전혀 독특하거나 가치 있지 않다."

고객의 니즈를 파악하는 통찰은 중요하지만, 그것만으로는 부족하다. 전략과 경쟁우위는 결국 기업의 활동에 달려 있다. 경쟁사와 차별화된 경영 활동을 하거나, 같은 활동을 다르게 하도록 선택하는 것이다.

하지 않을 일을 선택하는 것

월등한 수익률을 지속하려면 선택을 해야 한다. 어떤 고객에게 초점을 맞추겠는가? 어떤 고객을 포기하겠는가? 어떤 제품과 서비스를 제공하고, 어떤 것을 제공하지 않겠는가?

포터는 이런 명언을 남겼다. "전략은 하지 않을 일을 선택하는 것이다." 많은 사업가와 경영자가 그들이 하는 일에 대해 잘 설명할 줄 안다. 하지만 포터에 의하면, 해서는 안 될 일을 정확하게 아는 것 역시 그만큼 중요하다. 경쟁에서 이기고 싶다면, 한 가지 일에만 집중하고 나머지는 무시해야 한다.

사실 많은 경영사상가들이 이 말에 동의한다. 예를 들어, 짐 콜린스는 기업들이 주기적으로 하지 말아야 할 목록stop-doing list을 작성해야 한다고 주장한다. 이 목록에는 전략에 도움이 안 되기 때문에 그만둬야 할 활동들을 적는다.

포터는 기업의 전략이 최고경영자의 책임이라고 생각한다. 그는 이렇게 표현한다. "많은 경영학자들이 권한 부여, 분권화와 여러 사람의 개입을 강조한다. 이것은 굉장히 중요하지만, 권한 부여와 개입이 선택에 적용되지는 않는다. 성공하려면 조직에 강한 리더가 필요하다. 강한 리더는 무엇을 얻고 무엇을 잃을지 정할 수 있어야 한다. 나는 좋은 전략 뒤에는 강한 리더가 있다는 것을 발견했다."

포터에 의하면, 최고경영자가 반드시 모든 전략을 스스로 규정할 필요는 없지만, 전략을 고수하기 위해 일관된 원칙을 적용해야 한다. 기업은 늘 흥미롭고 가치 있어 보이는 사업 제안, 기회 및 도전과 마주한다. 그러나 포터는 경고한다. "그중 99%는 기업의 전략과 무관하다."

3가지 본원적 경쟁전략

전략이란 선택을 하는 것이다. 하지만 어떤 선택을 해야 하는가? 포터는 세 가지 본원적 전략을 제안했다. 원가우위 전략cost leadership, 차별화differentiation 전략 그리고 집중화focus 전략이다.

> ### 3가지 본원적 경쟁전략
>
> ❶ 원가우위 전략: 최저가
> ❷ 차별화 전략: 독특하다고 인식되는 제품 만들기
> ❸ 집중화 전략: 하나의 타깃 고객에게 집중

원가우위 전략

원가우위 전략이란 기업 내 모든 활동을 원가를 낮추는 데 초점을 맞추는 것이다. 이렇게 해서 낮은 시장가격을 형성할 수 있다. 이 전략의 목적은 시장우위를 점하는 것이다. 유럽에서 원가우위 전략을 사용하는 기업은 Aldi

와 Lidl 같은 슈퍼마켓 또는 KIA 자동차이다. 어떻게 하면 원가우위를 점할 수 있을까? 여기 몇 가지 옵션이 있다.

- 모든 사업 프로세스를 최대한 효율적으로 만든다. 기업 내 모든 활동을 빗으로 빗듯이 샅샅이 훑어보고, 불필요한 비용을 모두 제거한다.
- 낮은 가격에 구매를 한다. 모든 공급자와 만나서 가격 협상을 한다.
- 기업 내 활동 중 비용 때문에 유지하기 힘든 것은 외주를 맡긴다. 최대한 저렴한 가격에 할 수 있도록 필요하다면 외국에서 아웃소싱을 한다. 아니면 활동을 고객에게 전가할 수 있다. 대형할인마트에서는 고객이 스스로 하는 일이 많다. 이것은 가격에 큰 영향을 미친다.

차별화 전략

차별화 전략은 구분을 만드는 작업이다. 이것은 포터가 가장 주의 깊게 보는 전략이다. 잠시 생각해보면 이해할 것이다. 한번 떠올려보자. 한 시장에 원가우위를 점하는 기업이 몇 개나 있을 수 있을까? 당연히 하나밖에 없다. 하지만 기업들이 차별화 전략을 쓸 수 있는 공간은 많다.

차별화는 고객에게 특별한 제품과 서비스를 제공하는 데 집중하는 것을 의미한다. 오히려 너무 특별한 제품이라 고객이 돈을 더 내고 싶어 한다. 높은 가격은 차별화를 위한 비용을 충당한다.

차별화 전략을 선택한 기업은 대부분 연구개발 시설을 갖추고 있다. 그들은 마케팅과 영업을 잘하고, 제품의 강점을 잘 설명할 줄 안다. 일반적으로 품질과 혁신을 기반으로 좋은 평판과 브랜드를 갖고 있다.

유럽의 좋은 차별화 전략 사례로 Blue Band, Bertolli와 Becel을 들 수 있다. 세 곳 모두 거대 식품 기업 유니레버가 소유한 마가린 브랜드이지만 각자 시장에서 독보적인 위치를 차지하고 있다. Blue Band는 가족과 아이들을 위한 제품이고, Bertolli는 모든 제품이 올리브유 베이스이고 남유럽 풍미를 선호하는 고객을 대상으로 한다. Becel은 심혈계에 좋은 제품이다. 이들은 모두 수십 년간 각자의 전략을 유지해왔다.

집중화 전략

세 번째 전략은 하나의 명확한 세분화된 시장에 집중하는 기업의 특징이다. 초점이 분명하기 때문에 제품과 서비스의 차별화 전략 또는 원가우위 전략을 세울 수 있다. 유럽의 좋은 예는 Black & Decker와 DeWalt이다. 지난 몇 년간 Black & Decker는 일반고객을 위한 도구를 생산해왔다. 결과적으로 브랜드는 전문가의 신뢰를 잃게 됐고, 시장 점유율도 잃게 됐다. 그래서 전문가 선용 도구를 DeWalt라는 새로운 브랜드로 생산했는데 특정 타깃 고객 시장을 선점했다. Diet Coke나 Coca-Cola Light 역시 비슷한 과정을 겪었다. 이 브랜드는 시간이 지나면서 여성 음료라는 이미지를 갖게 되었고 코카콜라 사는 멋있는 남성을 위한 콜라라며 Coke Zero를 선보였다.

조직의 내부

많은 사람이 포터는 조직 '외부' 요인만 고려한다고 여긴다. 경쟁 회사와 비교할 때, 우리 회사를 어떻게 더 특별하게 보일 것인가에만 집중한다고 말이다. 하지만 이것이 전부는 아니다. 외부에서 차별화된 위치를 점했다면, 반드시 조직 내부 활동이 차별화되어 있기 때문일 것이다. 기업 내 모든 활동과 사업 프로세스는 외부에서 얻고자 하는 특정 위치에 집중되어야 한다.

다시 말해 특정 직원, 특정 작업 방식, 특정 기계를 선택한다는 뜻이다. 이러한 의사결정은 한편으로는 당신의 선택의 폭을 좁히지만, 다른 한편으로는 다른 기업들이 당신의 위치를 뺏을 기회를 제한한다.

이것의 좋은 예는 Southwest, EasyJet과 Ryanair 항공사이다. 이 항공사들은 저가항공이라는 포지션을 선택했기 때문에 모든 기업활동에 이 전략을 적용했다. 연료구매, 비행일정, 항공권 예약 과정과 모든 항공 관련 서비스에 저가전략을 선택했다. 조금 더 비싼 항공사들도 그들을 모방하여 시장에 저가항공 브랜드를 내놓으려고 노력했다. 하지만 이들 회사는 대부분 저가 브랜드와 고가 브랜드를 함께 관리하고 있었기 때문에 큰 문제에 봉착하게 됐다. 결과적으로 고객들은 혼란스러워했고, 직원들은 불만족했고, 재정적 손실을 초래했다.

포터는 조직 내부 활동의 설명, 분석과 조율을 위한 가치 사슬 모형Value Chain Model을 고안해냈다. 이 모형에서 포터는 기업을 여러 다른 활동의 사슬로 표현한다. 그는 기업의 활동을 다섯 가지 본원적 활동five main activities과 네 가지 지원 활동four supporting activities 으로 구분한다.

다섯 가지 본원적 활동

본원적 활동은 제품 또는 서비스의 생산 및 유통과 직접적인 연관이 있

: 가치 사슬 모형 Value Chain Model

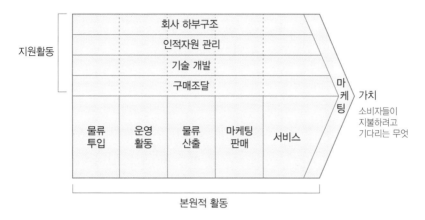

다. 본원적 활동은 다음 문제들을 다룬다.

1. 물류 투입 Inbound logistics: 제품 생산에 투입되는 모든 원자재의 획득, 저장, 보급을 의미한다. 제철공장에서는 철광석이 원자재이고, 시장 조사 기관에서는 정보가 투입물이다.

2. 운영 활동 Operations: 투입물을 완제품으로 전환하는 모든 활동을 말한다.

3. 물류 산출 Outbound logistics: 구매자를 위하여 제품과 서비스를 수집, 저장 그리고 배송하는 활동이다.

4. 마케팅 판매 Marketing & Sales: 고객에게 제품 또는 서비스를 제공하기 위한 활동을 의미한다.

5. 서비스 After Sales Service: 제품 또는 서비스의 품질을 유지하기 위한 활동을

의미한다.

네 가지 지원 활동

본원적 활동은 2차적인 활동의 지원을 받는다. 이것은 제품과 서비스 생산에 간접적으로 기여한다.

1. 회사 하부구조Firm infrastructure: 경영, 회계, 재무, 시설관리와 전체 가치 사슬의 기능을 보조하기 위한 모든 프로세스를 의미한다.
2. 인적자원 관리Human resource management: 조직의 정규직과 비정규 직원의 모집, 채용, 교육, 동기부여, 보상 등의 활동을 한다.
3. 기술 개발Technology development: 본원적 활동에 필요한 지식, 절차와 기술의 획득과 확장을 한다. (즉 제품 디자인, 프로세스 디자인과 시장 조사 등)
4. 구매조달Procuremen: 원자재와 장소 등 본원적 활동에 필요한 모든 재화와 서비스를 구매하는 활동을 한다.

포터에 의하면 기업이 경쟁력 개선을 위해 가치 사슬 안에서 할 수 있는 일이 세 가지가 있다고 한다.

- 활동당 단가costs per activity를 줄여서 제품 또는 서비스의 원가를 줄인다.
- 활동당 가치value per activity를 올려서 완제품 또는 서비스의 가치를 상승시킨다.
- 활동 통합integration of activities을 통해 고부가가치 창출과 저비용을 동시에 이

른다.

전략은 장기적인 계획이다. 조직의 내부구조와 외부구조를 정하고 나면, 장기적인 전략을 선택하고, 다른 어떤 기회, 유혹, 좌절과 비평이 있더라도 그 전략을 고수해야 한다.

"발명을 하고 선구자가 되려면 오랫동안 사람들의 오해를 받는 것을 감수해야 한다." Amazon.com의 창시자 제프 베조스의 말이다. 그는 1994년 창립 이래 첫 9년 동안은 굉장한 재정적 손실을 입었다. 하지만 외부 사람들의 조언과 비판을 대부분 무시하고, 지속적으로 장기계획을 실행했다. 2003년이 되어서야 Amazon은 이윤을 내기 시작했다. 그 이후 세계에서 가장 성공한 유통업체 중 하나가 되었다.

필립 코틀러

고객을 내 편으로 만들기 위한 4P전략

마케팅은 하루면 배울 수 있다.
그러나 불행하게도 마스터하는 데는 평생이 걸린다.

필립 코틀러

◇◇◇◇◇◇◇◇◇◇◇◇◇◇◇◇◇◇◇◇◇◇◇◇◇◇◇◇◇◇◇◇◇◇

필립 코틀러Philip Kotler(1931~)만큼 한 분야에 지대한 영향을 미친 경영사상가는 굉장히 드물다. 코틀러는 마케팅의 아버지라고 할 수 있다. 그는 시카고에 위치한 노스웨스턴 대학의 켈로그 경영대학원에서 수십 년간 강단에 섰다. 마케팅은 1967년 코틀러가 《마케팅 관리Marketing Management》 교재를 쓰기 전까지 그 이론이 존재하지 않았다. 이 책은 40년 넘게 전 세계적으로 사용되며, 꾸준히 개정판이 새롭게 나오는 등 마케팅 분야를 크게 바꾸어놓았다. 코틀러는 50권 이상의 책과 150개 논문의 공동저자이며 그중 몇 권은 '올해 최고의 책' 상을 받았다. 그는 정말 많은 강의와 세미나를 한다. 그는 전 세계 경영자에게 마케팅을 구조적으로, 분석적으로, 정확하게 사용하는 방법을 가르치고 무엇보다 고객을 위한 마케팅을 할 수 있도록 도와준다.

마케팅이란 무엇인가

마케팅은 단순히 물건을 어떻게 파는가의 문제가 아니다. 코틀러는 고객 니즈와 고객 혜택의 관점에서 사업을 할 것을 강조한다. 마케팅은 영업 기술이 아니라 타깃 고객과 그들에게 어떤 제품을 제공할 것인지를 알아내는 데 집중하는 것이다. 고객에게 진정한 가치를 창출하기 위한 도전과제이다. 그가 말하는 마케팅의 정의는 다음과 같다. "마케팅은 교환 과정을 통해 고객의 필요needs와 욕구wants를 충족시키기 위한 인간활동human activity이다."

우리는 모두 마케팅을 하고 있다. 우리는 기업에게 노동력을 팔고, 우리가 번 돈으로 우리의 필요를 충족시킨다. 따라서 마케팅은 고객에게서부터 시작된다. 마케팅 계획을 수립하기 전에 먼저 고객을 이해해야 한다. 만약 고객에 대해서 잘 모른다면, 제품을 만들거나 촉진 활동을 하지 않아야 한다. 먼저 숙제를 해야 할 필요가 있다. 당신의 숙제는 두 과목이다.

- 고객의 특징: 당신의 타깃 고객은 누구인가? 고객의 문화적, 사회적, 개인적 특징은 무엇인가?
- 고객의 의사결정 프로세스: 고객이 우리 제품 또는 경쟁사의 제품을 사기까지 어떤 의사결정 과정을 거치는가?

어떤 고객을 상대하는지 알고 난 다음에야 그 유명한 4P를 쓸 수 있다. 4P는 제품Product, 가격Price, 유통 경로Place과 촉진Promotion을 뜻한다. 4P는 독립적인 사업 요소가 아니라, 고객의 의사결정 프로세스에 긍정적인 영향을 주기 위한 도구이다. 먼저 각 P를 간단히 살펴본 다음 좀 더 상세하게 논의해 보겠다.

- 제품Product: 시장에 제공할 수 있는 모든 것과, 고객의 필요와 욕구를 충족시켜줄 수 있는 모든 것을 말한다.
- 가격Price: 제품 또는 서비스에 필요한 가격을 말한다. 마케팅 믹스 중에 유일하게 비용을 발생시키지 않으며 수익을 창출하는 변수이다.
- 유통 경로Place: 타깃 고객이 제품을 구매할 수 있도록 하는 모든 기업활동을 의미한다.
- 촉진Promotion: 제품 또는 서비스를 둘러싼 모든 커뮤니케이션 활동을 의미한다.

많은 사람이 4P를 코틀러의 발명품이라고 생각한다. 하지만 그것은 사실이 아니다. 이 용어는 1960년 제롬 맥카시 교수가 처음 사용했다. 그러나 코틀러의 《마케팅 관리》와 《마케팅 원론Principles of Marketing》에서 사용됐기 때문에, 4P는 코틀러와 연관된 용어가 됐다.

4P는 오랫동안 논의의 대상이 되어왔다. 그사이 다른 마케팅 전문가가 추가적인 P와, 4A 개념을 정립했다. 코틀러는 이런 추가적인 '용어 모음alphabet soup'이 전혀 대단하다고 생각하지 않는다. 여전히 마케팅 전략을 만드는 최고의 방법은 제품, 가격, 유통 경로와 촉진, 즉 4P를 구분하는 것이라고 여긴다.

제품과 가격

먼저 첫 번째 P인 제품을 자세히 살펴보자. 코틀러에 의하면 제품은 세 단계로 나눌 수 있다고 한다.

1. 핵심제품core product은 고객이 실제로 구매하는 제품이다. 고객들의 문제에 대한 해결책이다. 유명한 화장품 브랜드의 창시자인 찰스 레브슨은 이렇게 말했다. "우리 공장에서는 화장품을 생산하지만, 우리 매장에서는 희망을 판매한다."
2. 실제제품actual product은 제품 품질, 특징, 디자인, 브랜드 이름과 포장 등 우리가 관찰할 수 있는 요소들로 이루어진다.
3. 확장제품augmented product은 실제제품을 사용하기 위한 추가 제품과 서비

스를 말한다. 콜 센터, 금융 서비스, 품질 보증과 유지 보수 계약 등이 확장제품이다.

제품의 수명은 영원하지 않다. 코틀러는 출시되는 신제품 중 4분의 3이 실패한다고 말한다. 그렇기 때문에 점점 더 많은 기업이 고객에게 밀착하여 제품 개발을 한다. 레고가 좋은 사례이다. 1930년대부터 2000년대까지 모든 새로운 레고 모델은 덴마크의 개발 전문가들이 만들었다. 하지만 인기가 하락하자 레고 사는 제품 개발과정에 고객이 관여할 수 있도록 했다. 먼저 성인 고객 팬클럽이 있는 레고의 로봇 제품 Lego Mindstorms에서부터 시작했다. 오늘날 전 세계의 청소년들과 성인 팬들이 레고의 개발과정에 참여한다.

두 번째 P인 가격도 중요한 역할을 한다. 지금처럼 클릭 한 번으로 인터넷에서 가격 비교를 할 수 있는 시대에는 특히 더 중요하다. 여기 몇 가지 주의해야 할 점들이 있다.

- 당신의 가격 정책은 어떻게 되는가? 어려운 시장에서 살아남기 위한 정책이라면, 실현 가능한 최저가격을 책정한다. 만약 조금 더 기회가 있는 시장이라면, 최대 이윤, 최대 회전율 또는 최대 성장을 선택할 수 있다.
- 이제 목표를 정했다면 다음 단계는 가격대별로 수요를 예측해보는 것이다. 예측된 수요에 따라 낮거나 높은 수준의 생산가격을 정한다.
- 당신의 가격 결정 방법은 무엇인가? 가격을 원가 더하기 고객이 제품에 부여한 가치를 근거로 책정했는가? 아니면 원가 더하기 경쟁사 가격을 근거로 책정했는가?

똑똑한 가격 전략 사례를 한 가지 소개하겠다. 부가적인 판매를 위해 주력 상품의 가격을 낮추는 전략이다. 예킨대 휴렛패커드가 프린터의 가격을 대폭 인하하자, 프린터 판매량이 치솟았다. 그리고 프린터가 많이 팔린 만큼 잉크 카트리지와 특수 용지 같은 소모품의 판매도 급상승했다. 소모품의 마진이 굉장히 컸기 때문에, HP의 총이윤이 크게 상승할 수 있었다.

유통 경로와 촉진

유통 경로에서는 몇 가지 유의해야 할 부분이 있다. 어떤 기업은 인터넷 등을 통해서 고객에게 직접 거래를 한다. 하지만 많은 공급업자는 중개인을 통해서 고객에게 재화를 제공한다. 유통 채널은 복합적인 기능을 한다. 예를 들면 정보의 수집과 분배, 고객 질의응답, 제품 촉진 기회 제공 그리고 이윤과 리스크를 나눈다. 중요한 질문은 제품의 유통망을 얼마만큼 넓힐 것인가이다.

- 사탕과 같은 편의재와 소비재는 최대한 많은 장소에서 유통되어야 한다. 이것을 집약적 유통intensive distribution이라고 부른다.
- 비싼 향수 같은 고부가가치 상품은 어디서나 살 수 있으면 안 된다. 이것을 독점적 유통exclusive distribution이라고 부른다.
- 많은 신생 기업은 집약적 유통과 독점적 유통 전략의 중간을 선택한다. 이것을 선택적 유통selective distribution이라고 부른다. 제품을 모든 곳에서 팔지

않기 때문에, 계약한 소수의 유통업자에게 이점을 제공한다.

혁신적인 유통 전략은 브랜드를 만드는 데 도움을 준다. 독일 패션 브랜드 Clemens & August는 유명한 C&A 그룹에서 나온 기업이다. 이 기업은 온라인 판매와 특유의 팝업 세일즈pop-up sales를 한다. 이 브랜드는 암스테르담, 뉴욕, 런던, 뮌헨과 취리히 같은 도시의 유명한 현대미술관을 돌아다니면서 의류 컬렉션을 판매하는데 투어를 할 때마다 최대 3일 동안만 옷을 판다.

마지막 P는 촉진이다. 촉진과 관련하여 사업가와 경영자가 반드시 생각해 봐야 할 핵심 문제들이 있다.

- 상대할 타깃 고객은 누구인가? 모든 잠재 고객을 공략할 필요는 없다. 어떨 때는 시장의 트렌드 리더만 공략해도 충분하다.
- 당신의 의사소통 목표는 무엇인가? 사람들이 제품에 대해 긍정적인 생각을 할 수 있도록 지식의 전달을 목표로 하는가? 아니면 그들의 구매 행동에 직접적인 영향을 주고 싶은가?
- 어떤 메시지를 전달하겠는가? 좋은 메시지는 이목을 집중시킬 수 있고, 제품에 대한 관심을 높이고, 니즈를 자극하고, 고객이 어떤 방식으로든 행동하게 만든다.
- 어떤 의사소통 채널을 사용하겠는가? 커뮤니케이션은 선택의 폭이 굉장히 넓다. 고객관리처럼 직접적인 커뮤니케이션personal communication에서 TV 광고나 소셜미디어와 같이 간접적인 커뮤니케이션impersonal communication까지 다양한 채널이 존재한다.

- 커뮤니케이션의 성과를 어떻게 측정할 수 있을까? 거의 모든 기업이 쓰는 가장 간단한 방법은 모든 신규 고객에게 어떤 경로를 통해 제품 또는 서비스에 대해서 알게 되었느냐고 물어보는 것이다.

필자는 레드불이 혁신적인 프로모션 전략을 선보이고 있다고 생각한다. 이 브랜드는 제품을 젊은 층의 소비자에게 알리는 일에 집중한다. 특히 젊은 층의 트렌드 리더를 집중 공략한다. 예를 들어 학생들이 레드불 파티를 주최할 수 있게 해주고, 클럽 DJ가 공연에 필요한 레드불 제품을 무료로 공급받는다. 이 접근법을 통해 레드불은 세련된 브랜드 이미지를 구축할 수 있었고, 굉장히 큰 세분화된 시장을 짧은 시간에 공략할 수 있었다.

코틀러는 많은 기업이 마케팅 부서에 너무 제한된 역할을 맡긴다고 생각한다. 그는 큰 항공사의 마케팅 부장과 나눴던 대화를 떠올린다. 코틀러는 마케팅 부장에게 직접 가격을 책정하느냐고 물어봤다. "아니요, 재무관리부시에서 정합니다." 코틀러는 다시 그에게 기내식을 정할 권한이 있느냐고 물어봤다. "아니요, 그건 음식공급부서의 책임입니다." "그렇다면 승무원을 채용하고 교육하는 일에 관여하십니까?" 코틀러가 물었다. "아니요, 그것은 인사부에서 결정할 일입니다." "그럼 도대체 당신이 관여하는 일은 무엇입니까?" "광고와 판매입니다." 코틀러의 총평은 이러했다. "이 항공사의 마케팅은 고작 1P밖에 하지 못한다. 마케팅은 전체 기업 전략의 엔진 역할을 해야 하는데, 촉진promotion밖에 하지 않고 있었다."

알렉산더 오스터왈더
이기는 모델을 창조하는 법

비즈니스 모델을 구조적으로 젊게 할 수 없는 기업은
살아남거나 번영하기 어렵다.

알렉산더 오스터왈더

많은 전략 개념이 기업을 이루는 구성요소라고 할 수 있다. 하지만 사업가와 경영자는 이 구성요소를 잘 결합해서 하나의 탄탄한 비즈니스 모델, 즉 매력적인 외관과 똑똑한 내부를 지닌 사업구조를 갖추어야 한다.

그것은 알렉산더 오스터왈더Alexander Osterwalder(1974~)의 야망이기도 하다. 오스터왈더는 2004년 비즈니스 모델에 대한 논문으로 박사 학위를 받았다. 온라인으로 출판된 이 논문은 점점 더 많은 컨설턴트들의 워크숍과 자문 업무에서 활용되었고 오스터왈더에게 비즈니스 모델에 대한 책을 쓰라고 권하는 사람들이 많아졌다. 그 책이 바로 2010년에 출판된《비즈니스 모델의 탄생Business Model Generation》(타임비즈)이다. 이 책은 알렉산더 오스터왈더와 그의 논문 지도 교수였던 예스 피그누어가 집필했고, 오스터왈더의 비즈니스 모델을 사용한 470명의 피드백, 경험과 케이스 스터디를 바탕으로 쓰였다.

비즈니스 모델이 중요한 이유

도대체 비즈니스 모델이란 무엇인가? 오스터왈더는 이렇게 말한다. "비즈니스 모델은 조직이 생산하고, 유통하고, 가치 창출을 하는 근본원리에 대해 설명한다."

그렇다면 왜 비즈니스 모델이 중요한가? 오스터왈더는 제록스의 사례를 예로 든다. 1959년 미국 복사기 업체 제록스가 914모델을 시장에 출시했다. 대형 냉장고만 한 크기로 일반 용지를 사용하는 최초의 복사기였다. 시장 전문가들은 914 모델의 가격이 너무 비싸기 때문에 팔기 어려울 것이라고 생각했다. 그들은 제록스의 신제품에 대한 기대가 그리 높지 않았다. 하지만 914 모델을 출시하면서, 제록스는 사무 장비 리스를 선보였다. 기업들은 매월 대여료를 내고 사무실에 복사기를 둘 수 있었다. 이 가격은 매수 제한이 포함되어 있었다. 복사를 많이 하면 할수록 대여료가 올라갔다. 이 접근 방식은 914 모델을 사무 장비 업계 사상 최고의 성공작으로 만들었다. 오스터왈더는 제품의 성능도 일조했지만, 좋은 비즈니스 모델로 포장됐기 때문에 가능했던 일이라고 평가했다.

이제 왜 비즈니스 모델이 중요한지 이해했을 것이다. 하지만 어떻게 만들 것인가? 어떤 실질적인 접근법이 있는가? 문제는 사람마다 비즈니스 모델의 정의가 다르다는 것이다. 마케팅 전문가는 고객 관계customer relations 역할을 말할 때 비즈니스 모델이라고 표현하고, IT 전문가는 기업의 기술적, 기반시설 측면을 말할 때 비즈니스 모델이라고 말한다. 요컨대 우리는 공용어를 사용하고 있지 않다.

이 부분에서 오스터왈더의 모델이 가장 가치 있는 기여를 한다. 그의 비즈니스 모델 캔버스Business Model Canvas는 비즈니스 모델의 핵심 요소를 간단하게 시각적으로 설명하고, 분석하고, 발전시킨다. 이 캔버스에 아홉 가지 요소를 색칠할 수 있다. 이렇게 아홉 가지 방법으로 사업의 가치를 더하고 수익을 창출할 수 있다.

오스터왈더의 비즈니스 모델 캔버스의 9요소를 알아보기 전에 먼저 대답해야 할 질문이 있다. 캔버스를 통해 무엇을 할 수 있는가?

- 캔버스는 당신의 생각을 정리하고 발전시키는 데 도움이 된다. 오스터왈더는 캔버스지를 여러 장 복사한 다음, 한 장당 하나의 아이디어를 발전시키라고 말한다.
- 항상 전략을 기반으로 행동한다. 프로세스(원가우위 전략)에 집중하고 있는가? 제품(차별화 전략)에 집중하는가? 아니면 특정 고객 그룹(집중화 전략)에 집중하고 있는가?
- 생각할 수 있는 모든 비즈니스 모델을 만든 다음, 모두 벽에 붙여놓는다. 그 다음 하나의 사업 모델을 선택한다.
- 마지막으로 모든 사업 모델이 주기적으로 갱신되어야 한다는 것을 잊지 않도록 한다.

지난 몇십 년간 음악산업과 사진산업이 어떻게 발전해왔는지 생각해보자. 수명이 영구적인 사업모델은 이 세상에 없다고 오스터왈디는 말한다.

9가지 구성요소

오스터왈더의 관점에서 비즈니스 모델은 아홉 가지 구성요소로 이루어져 있다. 너무 많다는 생각이 들 수도 있지만, 9요소는 다른 저자들이 책에 포괄적으로 다룬 주제들과 질문을 보여준다. 오스터왈더의 캔버스 모델이 굉장한 이유는, 그 모든 주제를 하나의 개요로 보여주기 때문이다.

1. 고객 세분화Customer segments는 당신의 기업이 상대하고자 하는 여러 가지

비즈니스 모델 캔버스Business Model Canvas

고객군을 말한다. 고객 세분화는 다음 질문을 다룬다.

- 당신의 기업은 누구에게 가치를 제공하는가?
- 당신의 고객은 누구인가?
- 대중시장mass market을 공략하는가? 틈새시장niche market을 공략하는가? 아니면 몇 가지 부분시장partial market을 공략하는가?

2. 가치제안품Value propositions은 세분화된 고객에게 가치를 제공하기 위해 생산하는 제품과 서비스를 의미한다. 가치제안은 다음 질문을 다룬다.

- 당신의 기업은 고객에게 어떤 가치를 제공하는가?
- 고객의 어떤 문제를 해결해주는가?
- 개선, 성과, 맞춤 솔루션, 편의, 지위 또는 절약이라는 가치를 제공하는가? 우리 고객이 중요하게 생각하는 것은 무엇인가?

3. 채널Channels은 세분화된 고객에게 가치제안을 전달하기 위해 사용하는 커뮤니케이션, 유통, 판매와 서비스 채널을 뜻한다. 채널은 다음 질문을 다룬다.

- 우리 고객은 어떤 방식의 의사소통을 좋아하는가?
- 이 의사소통 채널의 품질과 효율은 어떤가?
- 어떤 판매 방식을 갖고 있는가? 예를 들어, 직접판매를 한다면 인터넷 판매를 하는가? 아니면 매장이 따로 있는가?
- 또 우리는 반드시 다음과 같이 질문해야 한다. 필립 코틀러가 한 말을 기억하는가? 무엇이 우리 고객의 선택과 의사결정에 영향을 미치는가?

4. 고객 관계(Customer relationships)는 당신의 기업이 세분화된 고객과 어떤 관계를 갖고 유지시키는가를 말한다.

- 고객은 우리와 어떤 관계를 기대하는가?
- 어떤 종류의 서비스를 원하는가? 개인적인 도움, 셀프 서비스, 자동화서비스 혹은 커뮤니티 활동에 관심이 있는가?

5. 수익원(Revenue streams)은 상품과 서비스에 대해 세분화된 고객이 지불하는 가격을 의미한다.

- 우리 고객은 어떤 것을 구매하기를 원하는가?
- 우리가 제공하는 가치에 대해 어떤 방식으로 지불하고 싶어 하는가?
- 일시적인 영업이익(incidental revenue)인가? 아니면 반복적 영업이익(recurring revenue)인가?
- 어떤 방식으로 수입을 얻는가? 매출, 사용료, 구독료, 리스, 라이선스 또는 중개수수료를 통해 수익을 얻는가? 아니면 예를 들어 구글처럼 고객에게 사용료를 적게 청구하거나 무료로 사용하게 해주는 대신 우리 고객에게 접근하고 싶은 광고주로부터 광고수익을 얻는가?

6. 핵심자원(Key resources)은 비즈니스 모델을 운영하기 위해 필요한 자원을 의미한다.

- 가치제안, 채널, 고객관계, 수익원을 어떤 방식으로 조달하는가?
- 어떤 물리적, 지적, 인적, 경제적 자원이 필요한가?
- 이 자원을 파트너로부터 빌릴 것인가? 아니면 직접 획득할 것인가?

7. 핵심활동Key activities은 비즈니스 모델을 운영하기 위해 필요한 주 활동을 말한다.

- 가치제안, 채널, 고객관계, 수익원을 창출하기 위해 어떤 핵심활동이 필요한가?
- 우리는 제품 생산을 하는가? 아니면 문제를 해결하는가? 아니면 사람들을 연결해주는 플랫폼 역할을 하는가?

8. 핵심 파트너Key partners는 사업 운영을 위해 협력하는 공급업자와 파트너를 말한다.

- 정확히 어떤 핵심자원과 핵심활동을 기업 외부에서 조달하는가?
- 어떤 장점이 있는가? 우리 파트너가 규모의 경제를 제공하는가?
- 파트너와 어떻게 협력하고 있는가? 비경쟁자와 협력하는가? 아니면 경쟁자와 협력하는가? 같이 합작 투자를 하는가? 아니면 공급업자에게서 자재를 구매하는가?

9. 비용 구조Cost structure는 사업 운영 중 발생한 모든 비용을 말한다.

- 사업 운영 중 어디서 비용이 가장 크게 발생하는가? 핵심자원과 핵심활동을 위해 얼마만큼 비용이 발생하는가?
- 가격우위 전략을 사용하는가? 아니면 차별화 전략을 사용하는가? 가격 위주의 접근 방식을 사용하는가? 아니면 가치 위주의 접근 방식을 사용하는가?
- 어떤 고정비용과 변동비용이 있는가? 규모 또는 활동을 넓힘으로써 어떤

이점을 확보할 수 있는가?

앞서 말했듯이, 이 아홉 가지 구성요소는 기업의 주요전략을 정리하고, 연결하고, 정교하게 만들 수 있다. 몇 가지 실현 가능한 비즈니스 모델을 살펴보는 과정에서 캔버스 분석은 기업의 발전 방향을 명확하게 제시해줄 것이다.

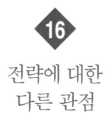

전략에 대한
다른 관점

마케팅은 제품이 만들어지기 전에 이미 시작된다.

세스 고딘

코틀러, 포터, 오스터왈더의 기본 이론을 정리해봤으니, 이제 조금 더 구체적인 전략 형성에 대해 논의해보기로 하겠다. 이번에는 이런 질문을 다루어볼 것이다. 어떻게 고객과 소통하는가? 올바른 방향으로 가고 있다는 것을 어떻게 확인할 수 있는가? 시장에서 살아남을 혁신적인 비즈니스 모델을 만들 수 있는가?

세스 고딘: 허락 마케팅

세스 고딘(1960~)은 근래에 가장 유명한 경영사상가 중 한 명이다. 인터넷 사업가이자 저자인 고딘은 마케팅 및 전략과 경영 관련 베스트셀러를

열 권 이상 집필했다. 각각의 책에는 독창적인 아이디어, 팁과 다양한 사례가 수록되어 있다.

고딘이 제시한 이론 중 잘 알려진 허락 마케팅permission marketing은 1990년대 후반에 개발되고 검증됐다. 고딘은 TV, 라디오와 신문을 통한 끼어들기 마케팅interruption marketing의 시대는 지나갔다고 주장한다. 우리는 정보 과잉과 주의력 부족의 시대를 살아가고 있다. 고객의 관심이라는 희소 상품에 마케팅 믹스를 집중시켜야 한다. 사람들의 관심을 끌 똑똑하고 간접적인 방법을 고안해내는 것이 주요 우선순위가 되어야 한다고 고딘은 말한다. 단계적으로 고객의 허락을 받고 그들의 이야기를 할 수 있어야 한다.

고딘이 제일 좋아하는 사례는 허락 마케팅을 사용해 아이들에게 여름 캠프 상품을 파는 미국의 캠핑 기업 아로혼이다.

- 아로혼은 제일 먼저 무역 박람회에서 작은 광고와 작은 부스 등을 운영하기 시작했다. 이 활동의 유일한 목표는 타깃 고객에게 잘 만들어진 홍보 동영상과 아름다운 브로슈어를 보여줘도 되는지 허락을 받는 것이었다.
- 그리고 이 홍보 동영상과 브로슈어의 목적은 아로혼 회사 직원의 개인적인 방문을 허락받는 것이었다.
- 직원이 개인적으로 방문했을 때에만 여름 캠프 상품을 팔도록 했다.

각 단계에서 아로혼의 주목적은 고객에게 점진적으로 허락받는 범위를 넓혀가는 것이었다. 멀리 돌아간다는 생각이 들 수 있다. 하지만 아로혼은 이 방법을 통해 고객 한 명당 약 20,000달러의 회전율을 얻었다. 고객의 반복적인 구매는 물론 고객의 친인척까지 여름 캠프에 참여했다. 따라서 아로혼의 조심스럽고 간접적인 접근 방식은 그럴 만한 이유가 있었던 것이다.

고딘은 그렇다고 고객의 허락이 쉽게 얻어지는 것은 아니라고 말한다. 고객의 마음을 열고, 고객에게 우리 회사와 상품에 대해 더 얘기하고 싶다면, 당신의 기업이 매우 특별해야 한다. 너무 신중한 것도 위험할 수 있다. 비범하고 특별해지려면 용기가 필요하다. 고딘의 말을 빌리자면 보랏빛 소purple cow가 되는 것이다. 일반적인 소는, 아무리 건강하고 순하더라도 지루하다. 하지만 보랏빛 소는 뭔가 특별하다. 이케아, 애플, 구글이 바로 그런 기업이다. 사람들이 자발적으로 그 기업에 대해 얘기하게끔 만든다.

만약 고객에게 당신의 기업에 대해 얘기할 허락을 받고, 고객이 관심을 허락한다면, 그 기회를 피상적인 판매 이야기로 망치지 말라고 고딘은 당부한다. 고객이 관심을 가져준 것에 대해 다른 사람들과 나누고 싶은 굉장한 스토리를 선물하라고 말이다.

사람들이 나누고 싶어 하는 스토리는 인터넷을 통해 비슷한 생각을 가진 사람들을 모아 네트워크를 형성하는 데 사용될 수 있다. 허락, 보랏빛 소 그리고 재미있는 스토리를 통해 팔로어 집단을 만들 수 있다.

스타벅스는 고딘이 말한 이론의 대표적인 사례이다. 스타벅스 커피 체인점은 독특한 접근법을 통해 두터운 팬 층을 얻었다. 스타벅스에서 내놓은 수십 권의 책이 여러 분야에서 베스트셀러가 되었다. 커피 만드는 책은 물론 사업가정신, 종교, 심지어 광고 전문가 마이클 길의 자서전도 팔리고 있다. 마이클 길은 스타벅스 바리스타로 취직해 무직, 이혼, 뇌종양 등 인생 최대의 고비를 극복할 수 있었다.

프레드 라이켈트: 1등 기업의 법칙

프레드 라이켈트(1952~)는 고객 충성도 전문가이자 Bain & Company 컨설팅 회사의 유명한 컨설턴트이다. 그의 책《1등 기업의 법칙The Ultimate Question》(청림출판)은 2006년에 출간되었고, 전 세계 기업이 고객 충성도를 최우선 순위로 생각하게 만들었다. 라이켈트의 궁극의 질문은 이것이다. "0에서 10 사이로 값을 매겼을 때, 우리 기업(의 상품/서비스/브랜드)을 가족이나 지인에게 추천하겠는가?"

0에서 10이라는 값은 중요하다. 9 또는 10이라는 점수를 매긴 사람들은 다른 사람들에게 당신의 기업을 소개할 가능성이 매우 크고, 그렇기 때문에 추천자promoter나 마찬가지이다. 6 또는 더 낮은 점수를 준 사람들은 비방자detractors이다. 7에서 8 사이의 점수를 준 사람들은 소극적인 사람들passives이다. 이들은 크게 의미가 없다.

설문조사를 마쳤다면, 계산을 할 필요가 있다. 예를 들어 추천자의 비율(30%)에서 비방자의 비율(20%)을 뺀다. 뺀 나머지(이 경우 10%)가 우리 기업의 NPS, 순추천지수Net Promoter Score이다. 이론적으로 기업의 NPS의 범위는 -100%(전부 비방자)에서 +100%(전부 추천자)에 이를 수 있다.

애플, 아마존, 할리 데이비슨 같이 성공한 기업은 NPS지수가 50%에서 80% 사이로 나오는 반면, 어떤 기업은 마이너스 지수를 기록하기도 한다. 후자의 경우 이익을 남기기도 하지만, 같은 이익을 얻기 위해 매해 더 많은 노력을 해야 한다. 라이켈트는 이것을 나쁜 이익bad profit이라고 부른다. 왜냐하면 그 이익은 고객과의 관계와 맞바꾼 것이고, 결국 기업의 미래와 맞바꾼

이익이기 때문이다.

기업의 NPS는 기업의 성장 예측지수이다. 더구나 이 지수는 간단하게 측정할 수 있다. 고객과 응대하는 직원이면 누구나 단 하나의 질문을 던짐으로써 NPS를 측정할 수 있다.

USAA^{United Services Automobile Association}도 NPS를 가지고 있다. 군 인사 전용 보험 회사인 USAA는 7,200만 고객을 보유하고 있고, 우수한 콜 센터 운영을 통해 높은 NPS를 보유하게 되었다. 라이켈트에 의하면 그들이 성공할 수 있었던 요인은 다음과 같다.

- 콜 센터에는 USAA에서 근무한 경력이 있는 사람만 채용했다. 그 말은, 콜 센터 직원이 자신이 무엇을 얘기하는지 안다는 뜻이다. 게다가 많은 관리자들 스스로가 장교 출신이고 USAA의 과거 고객들이다.
- 그들은 최대한 대본을 쓰지 않는다. 콜 센터 직원이 즉흥적으로 고객에게 어떤 말을 할지 결정한다.
- USAA는 직원 교육에 다른 일반 보험 회사 평균의 두 배 가까이 투자한다.
- 그들은 12명에서 14명의 사람들로 구성된 팀으로 움직이고 서로에게서 배운다.
- 콜 센터 직원은 고객과 대화 중 특정 한도 내에서 지출을 할 권한이 있다.
- 내부 품질 관리 기준은 고객이 처음 전화를 걸었을 때 문제가 해결되었는가이다.

USAA의 접근 방식은 통상적인 보험 회사와 굉장히 다르다. USAA는 경쟁사보다 콜 센터에 상당한 투자를 하지만 81%의 높은 NPS로 보상을 받는다. USAA는 고객이 아니라 팬을 보유하고 있다고 라이켈트는 설명한다. 그렇기 때문에 투자회수가 가능한 것이다.

클레이튼 크리스텐슨: 혁신기업의 딜레마

클레이튼 크리스텐슨(1952~)은 하버드대 교수이자 혁신과 성장의 전문가이다. 그는 1997년《혁신기업의 딜레마The Innovator's Dilemma》(세종서적)라는 책을 펴내며 명성을 얻었다. 많은 기술 분야의 경영자들이 이 책을 바이블처럼 사용한다.

크리스텐슨은 이렇게 말한다. "기업들은 자주 고객의 삶이 변화하는 속도보다 더 빠르게 혁신한다. 이런 지속적인 혁신sustaining innovation은 고객들이 느끼기에 필요 이상으로 제품을 더 좋고, 복잡하고, 비싸게 만든다." 거의 모든 것을 수행할 수 있는 노트북 PC를 생각해보라.

이런 프로세스는 파괴적인 혁신disruptive innovation으로 이어질 가능성이 있다. 파괴적인 혁신은 파괴적인 기술을 말한다. 이것은 훨씬 더 간단하고, 얼핏 보기에 기능이 적다. 애플의 iPad 같은 태블릿 PC를 예로 들어보자. 이 새롭고 저렴한 제품이 처음에는 새로운 고객층을 사로 잡았지만, 점차 노트북을 사용하는 오래된 고객층도 잠식시켰다.

그렇다면 혁신기업의 딜레마는 무엇인가? 만약 당신이 하나의 제품(노트북)으로 성공했다면, 파괴적인 혁신(iPad)을 소개하는 데 성공하지 못하리라

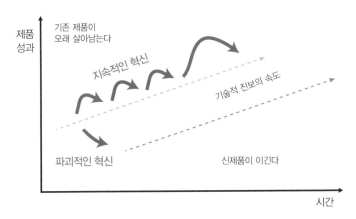

혁신기업의 딜레마The Innovator's Dilemma

제품
성과

기존 제품이
오래 살아남는다

지속적인 혁신

기술적 진보의 속도

파괴적인 혁신

신제품이 이긴다

시간

는 것이다. 자기 스스로를 공격하는 꼴이 되어버리기 때문이다. 지속적인 혁신을 하면 대개 기존 제품이 오래 살아남지만, 파괴적인 혁신을 하면 신제품이 이기는 결과를 낳는 것이다.

　매우 적은 기업이 파괴적인 혁신을 시장에 내놓는 데 성공했다. 애플은 기존 제품인 노트북의 경쟁자가 된 iPad를 출시했다. 내부 동기는 간단했다. 만약 스스로를 파괴하지 않는다면, 누군가가 대신한다는 것이었다. 지금까지 애플은 주기적으로 각자 다른 지역에 있는 개별 팀이 파괴적인 혁신을 내놓고, 본사 직원들과 직접 경쟁을 해왔다.

　이것은 굉장히 위협적인 생각이다. 크리스텐슨의 딜레마는 기업환경에서만 일어나는 현상은 아니다. 개인 전문가들도 이런 딜레마를 겪을 수 있다. 예를 들어 과거 HRM 전문가가 하던 일을 이제는 소프트웨어 프로그램이 대체하고 있다. 온라인 커뮤니티가 거의 모든 비즈니스 질문에 대한 답을 해줄 수 있기 때문에, 문제해결을 위한 컨설턴트, 경영학 저자와 트레이너의 필요성이 축소되고 있다.

새롭게 대체된 솔루션이 과거 솔루션보다 항상 좋지는 않지만, 고객 입장에서는 충분하다고 판단되고 비교적 값이 싸다. 크리스텐슨은 적절한 타이밍에 스스로에게 이렇게 질문해보라고 권한다. 내가 만약 노트북이라면, 누구 또는 무엇이 iPad일까? 그리고 다른 사람이 묻기 전에 스스로 자기 역할, 능력과 지식에 대해 돌아볼 용기가 있을까?

김위찬과 마보안: 블루오션

한국인 김위찬(1952~)과 미국인 르네 마보안(1963~)은 둘 다 파리 근처에 있는 INSEAD라는 유명 경영대학원의 교수이다. 그들의 책《블루오션 전략Blue Ocean Strategy》(교보문고)은 2005년에 출판됐고, 글로벌 베스트셀러가 됐다. 핵심 아이디어는 경쟁자를 곧바로 공격하는 것보다, 그들과 상관없는 시장에 진입해야 한다는 것이다. 나만의 깨끗한 블루오션을 찾는 것이다. 이미 경쟁자들 간의 싸움 때문에 피로 물든 레드오션에는 가지 않는다.

블루오션 접근법은 기업에게 제품 또는 서비스의 원가를 낮추는 동시에 가치 있는 혁신을 하라고 말한다. 김위찬과 마보안은 이것을 가치혁신value innovation이라고 부른다. 그들은 크리스텐슨과 비슷한 접근법을 제시한다.

- 제품과 서비스에 무차별적으로 기능을 추가하지 말고, 비용을 더 면밀히 검

토해본다.

- 고객이 가치를 경험할 수 있도록 강조하고 혁신한다. 그곳에 투자를 감행한다.
- 고객이 가치를 느끼지 못하는 부분은 과감하게 없애거나 축소시킨다. 여기서 저축한 비용을 혁신에 투자할 수 있다.

원가와 판매가를 낮게 유지하지 못하면 가치혁신의 열매를 직접 따지 못한다. 전략 모방자strategy follower들이 결국 시장을 빼앗아갈 것이다. 그들이 책에서 소개한 주요 사례는 1984년 두 명의 캐나다 길거리 공연자가 창업한 서커스 회사 '태양의 서커스'에 대한 것이다. '태양의 서커스'라는 기업이 창립되기 전, 서커스 산업은 위축되고 있었다. 교통수단과 동물관리 비용의 증가와 이동공연에 필요한 높은 공연료가 서커스 산업의 재정난을 초래했던 것이다.

'태양의 서커스' 창립자는 다른 접근 방식을 선택했다. 사람들이 가치 있게 여기지 않고 비싸기까지 한 공연은 모두 취소해버렸다. 다른 대형 서커스와 달리, 그들은 하나의 공연장에서만 공연을 했다. 또한 유명한 공연은 최대한 피하고, 동물을 완전히 빼버리기로 했다. 그 대신 사람들이 가치 있게 생각하는 곡예사, 피에로와 서커스 천막은 그대로 유지했다. 마지막으로, 사람들이 가치 있게 생각하고 상대적으로 저렴한 요소도 몇 가지 추가했다. 또한 독창적이고, 특별하고, 영화 삽입곡 같은 배경음악을 추가해서 공연에 도움이 되도록 했다.

얼마 지나지 않아 '태양의 서커스'의 성공은 모두의 기대치를 넘어섰다. 이

기업은 현재 전 세계적으로 모두 다른 지역에서 20개의 공연을 하고 있다.

에버렛 로저스: 혁신의 확산

미국의 사회학자 에버렛 로저스(1934~2004)는 1960년대 초에 400개의 혁신 연구를 비교 분석했다. 1990년대에는 4,000개가 넘는 출판물을 다시 비교 분석해보았다.

그는 혁신을 수용하는 데 사람들 간 의사소통이 가장 크게 기여한다고 결론을 내렸다. 사람들은 서로 만나면서 새 상품, 아이디어와 행동에 대한 의식적 경험과 무의식적 경험을 교환한다. 만약 혁신이 몇 가지 조건을 충족시키면, 사람들은 서로에게서 그 혁신을 수용하게 된다. 혁신이 수용됐다는 것을 확인할 수 있는 다섯 가지 요소가 있다.

1. 상대적 이점relative advantage: 우리는 혁신이 현재 관행보다 확실한 이점이 있다고 믿어야 한다. 이 상대적 이점은 실제 존재하는 사람들의 필요와 이어질 수 있어야 한다.
2. 적합성compatibility: 혁신은 실존하는 규범과 가치와 관련이 있어야 하며, 현재 행동에 쉽게 적용 가능해야 한다.
3. 복잡성complexity: 혁신은 우리가 쉽게 이해할 수 있어야 한다. 혁신이 복잡할수록, 성공할 가능성은 줄어든다.
4. 시험가능성trialability: 혁신은 사람들이 소규모로 시험해볼 수 있을 때 성

공 가능성이 높아진다.

5. 관찰가능성observability: 우리가 혁신의 이점을 관찰할 수 있을 때 훨씬 더 성공할 수 있다.

사회제도 내 모든 사람(친구, 기업, 사회)들이 혁신을 같은 속도로 수용하지는 않는다. 로저스는 이 현상을 다섯 가지로 분류해보았다.

1. 혁신자innovators는 항상 혁신을 갈구하고 리스크를 즐긴다.
2. 조기수용자early adopters는 혁신에 관심이 있지만 시대에 앞서 가려고는 하지 않는다. 그렇기 때문에 조기수용자의 사회적 권위가 가장 높다. 조기수용자들이 빨리 변할 수 있도록 하는 것이 중요하다.
3. 초기수용자early majority는 변화에 대해 긍정적인 견해를 갖고 있지만, 조

혁신의 확산 Diffusion of innovation

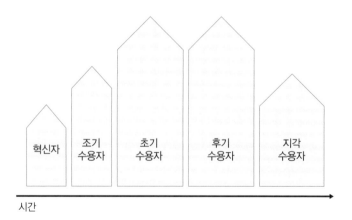

혁신자 | 조기 수용자 | 초기 수용자 | 후기 수용자 | 지각 수용자

시간

기수용자를 먼저 관찰한다. 초기수용자는 나머지 사람들과 연결해주는 다리 역할을 한다.

4. 후기수용자^{late majority}는 변화에 대해 회의적이지만, 다른 부류의 사람에게 영향을 받는다.

5. 지각수용자^{laggards}는 변화가 이롭거나 불가피하다는 것에 100% 확신이 없는 이상 혁신을 수용하지 않는다.

이것이 로저스가 주는 교훈이다. 만약 새로운 제품이나 견해를 성공적으로 소개하고 싶다면, 가장 열정적인 사람들(혁신자)을 공략하기보다는 가장 사회적 권위가 있는 사람들(조기수용자)을 공략하는 것이 더 효과적이다.

전략에 대한
더 고무적인 관점

미래를 상상할 줄 모르는 기업은 미래를 즐길 수 없다.

게리 하멜 & C.K. 프라할라드

앞서 다룬 마이클 포터의 이론은 전략의 정석으로 여겨진다. 하지만 다른 견고하고 흥미로운 대안들이 있다. 이 장에서는 이 대안들에 대한 조감도를 그려볼 것이다. 그리고 몇 가지 전략 비평 또한 살펴볼 것이다.

하멜과 프라할라드: 핵심역량

많은 전략 접근법이 아웃사이드 인 방식이다. 먼저 고객들의 욕구와 필요를 파악한 다음 조직 내부의 활동을 결정한다. 그러나 1990년대 초 게리 하멜(1954~)과 C. K. 프라할라드(1941~2010)는 인사이드 아웃 접근법을 제시했다. 먼저 조직의 장점, 즉 핵심역량core competencies을 파악한 다음, 그에 상응하는 전략을 짜서 고객의 욕구와 필요를 연결시키는 것이다.

핵심역량은 (버킹엄과 드러커의 이론을 기억한다면) 조직의 강점이다. 하멜과 프라할라드는 핵심역량을 다른 기업에서 쉽게 따라 할 수 없는 특별한 능력이라고 말한다. 핵심역량은 다음 세 가지 특징을 지닌다.

- 고객 가치customer value: 핵심역량은 고객의 관점에서 상품 또는 서비스의 가치창출에 불균형적으로 큰 기여를 해야 한다.
- 경쟁적 차별화competitive differentiation: 핵심역량은 독창적이어야 한다. 하멜과 프라할라드는 시장참여를 위해 반드시 필요한 기술, 즉 필수 역량과 경쟁우위를 가져다주는 차별화 역량을 구분할 수 있어야 한다고 말한다.
- 확장성extendability: 핵심역량은 특정 상품 또는 서비스에 국한되어서는 안 되며, 미래에 새로운 상품과 서비스를 개발할 수 있는 잠재적인 능력이 있어야 한다.

하멜과 프라할라드는 가장 먼저 당신의 기업을 역량의 집단으로 바라보아야 한다고 말한다. 인간의 학습 속도에는 한계가 있기 때문에 새로운 역량을 배우는 것이 제한된다. 그렇기 때문에 시장이 다른 것을 원하더라도 핵심역량을 쉽게 대체할 수 없다. 핵심역량은 다음 문제를 다룬다.

- 기존 고객에게 가치를 지속적으로 제공하기 위해 어떤 핵심역량이 필요할까?
- 기존 핵심역량을 활용하여 어떻게 새로운 상품과 서비스를 개발할 수 있을

까? 또 어떻게 새로운 고객을 유치할 수 있을까?

사진산업은 핵심역량 접근법을 잘 보여주는 예이다. 이 시장은 최근 몇십 년간 디지털 사진기술의 발전에 의하여 격변해왔다. 어떤 사람들은 아날로그 사진 업체인 Agfa, Kodak, Hasselblad와 같은 기업이 디지털 시대가 도래 하리라는 것을 보지 못했다고 지적하지만, 그것은 사실이 아니다. Kodak은 이미 1980년에 디지털 인화기술을 실험하고 있었다. Hasselblad는 Leica 및 Polaroid와 더불어 1990년대 초에 디지털 카메라를 테스트해 보았다. 그러나 문제는 이 기업들의 핵심역량이 광학, 역학과 화학 등 아날로그 기술에 뿌리 를 두고 있다는 것이었다.

대부분의 사진 업체들이 다른 기업과 합병하여 새로운 역량을 개발하려 고 애쓰는 동안 Fuji는 굉장히 다른 접근 방식을 채택했다. 기존의 화학기반 핵심역량을 사용하여 완전히 새로운 시장에 집중하기 시작했다. 오늘날 Fuji 는 알루미늄 오프셋 판, 정수 필터, 약물과 놀랍게도 화장품을 생산하고 있 다. 일본과 중국에서 Fujifilm은 성공적으로 Astalift 스킨케어 화장품을 판매 하고 있다. 이 화장품은 Fuji의 콜라겐에 대한 해박한 지식으로 개발된 것이 다. 콜라겐은 사람의 피부 결합 조직의 주성분이고, 우연히도 사진 필름의 주성분이었던 것이다.

트레이시와 위어시마: 3가지 가치 전략

또 하나의 대중적인 전략 접근법은 경영 컨설턴트 마이클 트레이시(1956~)
와 프레드 위어시마(1948~)에 의해 개발됐다. 그들의 책《마켓리더의 전략The
Discipline of Market Leaders》(김앤김북스)은 1993년에 출판되었으며, 세계적인 베스
트셀러가 됐다. 이 책에서 제시한 세 가지 가치 전략은 현재 많은 경영대학
원의 교과과정에 추가됐다.

3가지 가치 전략

❶ 운영상의 탁월함: 프로세스 집중
❷ 제품 리더십: 제품 집중
❸ 고객 밀착: 고객 집중

트레이시와 위어시마는 세 가지 가치 전략, 또는 고객 가치 창출을 위한
접근 방법을 제시한다.

- 운영상의 탁월함operational excellence은 기업 내부 프로세스의 완벽한 조합에
  초점을 맞춘다. 운영상의 탁월함은 고객에게 최저가를 제공할 수 있게 해
  준다.
- 제품 리더십product leadership은 제공하는 상품과 서비스의 매력에 초점을 맞
  춘다.
- 고객 밀착customer intimacy은 고객과의 관계를 가장 중요하게 생각한다.

179

트레이시와 위어시마의 접근법은 포터의 개념을 이름만 새롭게 붙인 것이라는 비평도 있다.

- 포터의 원가우위 전략cost leadership을 운영상의 탁월이라 말하고
- 포터의 차별화 전략differentiation을 제품 리더십이라고 표현하며
- 포터의 집중화 전략focus을 고객 밀착이라고 부른다.

그렇다고 하더라도 트레이시와 위어시마는 이 조합에 흥미로운 통찰을 더했다. 그들의 분석은 조직이 세 가지 전략 중 한 가지에만 집중하면 실패한다고 지적한다. 요즘은 기업이 동시에 여러 방향으로 가야 할 필요도 있다고 말하기도 한다. 예를 들어 차별화된 제품을 제공하는 동시에 최저가격을 제시해야 할 필요가 있을 수 있다.

트레이시와 위어시마는 이 문제에 대해 이렇게 대답한다. "기업이 시장에서 생존하기 위해서는 각 전략의 최소수준은 유지하고 있어야 한다"고 말이다. 그 이유는 각 접근 방식이 구체적인 투자와 기술을 필요로 하기 때문이다. 오늘 한 가지 방향을 선택한다는 것은, 내일 다른 접근 방식을 갑자기 시도할 수 없다는 뜻이다. 더욱이 실전에서 한 가지 접근 방식을 선택하면 나머지 접근 방식은 모두 탈락시키는 것과 마찬가지라고 트레이시와 위어시마는 말한다. 만약 최저가의 상품을 빛의 속도로 공급하고 싶다면, 맞춤 솔루션은 제공할 수 없게 된다. 그리고 제품의 품질로 경쟁하는 것이 목표라면, 시장에 최저가 상품을 내놓기 힘들다.

짐 콜린스: 고슴도치 개념

　짐 콜린스는 한 가지 분야로 정의하기 힘들다. 우리는 그의 이론을 리더십에서도 언급했지만, 실행에서도 상세하게 다룰 계획이다. 지금은 그가 고안한 고슴도치 개념Hedgehog Concept을 가볍게 훑어볼 것이다. 성공한 기업은 고슴도치와 같이 매우 간단하지만 효율적인 전략을 가지고 있다고 콜린스는 말한다. 고슴도치는 단순한 동물이다. 그렇지만 똑똑한 여우가 단순한 고슴도치를 혁신적이고 창조적인 방법으로 공격하려 들면, 고슴도치가 이긴다. 고슴도치는 몸을 공처럼 말아서 가시를 모두 밖으로 향하게 만든다.

　성공한 기업들은 기업 내 모든 직원이 이해하고 업무에 적용할 수 있는 단순하고 차별화된 전략을 가지고 있다.

　고슴도치 개념은 세 개의 원으로 이루어진 명확한 전략이다.

고슴도치 개념The Hedgehog Concept

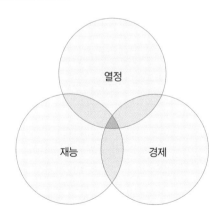

1. 첫 번째 요소는 재능talent이다. 콜린스는 이렇게 묻는다. 당신의 기업은 어떤 분야에서 세계 최고라고 자부하는가? 이것은 핵심활동과 다르다는 것을 유념하기 바란다. 당신 기업의 정말 탁월한 핵심활동만 고슴도치 개념의 일부가 될 수 있다.

2. 두 번째 요소는 경제economics이다. 콜린스는 또 이렇게 질문한다. 기업의 경제 엔진을 움직이는 것은 무엇인가? 성공한 기업은 의사결정을 할 때 한 가지 명확한 재정적 기준이 있다. 어떤 기업은 고객당 최대 이윤을 추구하고, 또 어떤 기업은 직원당 최대 이윤을 추구하고, 또 어떤 기업은 고객 방문당, 지역당 또는 브랜드당 최대 이윤을 추구할 수 있다. 중요한 것은 그들이 X당 이윤이라는 명확한 포부를 가지고 있다는 것이다. 콜린스는 드럭스토어 체인 월그린스Walgreens를 예로 든다. 특정 시점에 이 기업은 그들의 경제적 초점을 매장당 이윤에서 고객 방문당 이익으로 전환했다. 매장당 이윤이 경제 엔진이었을 때, 월그린스는 땅값이 싼 곳을 선택했고, 매장의 숫자를 제한했다. 하지만 고객 방문당 이윤으로 전환한 다음부터 월그린스의 매장 숫자는 극적으로 증가했다. 요즘은 미국의 대도시에서 여러 개의 월그린스 매장이 도보 거리에 위치하고 있다. 새로운 접근법이 월그린스의 총이윤을 크게 증가시켰다.

3. 열정passion은 고슴도치 개념의 세 번째 요소이다. 콜린스는 묻는다. 우리 직원들은 어떤 일에 흥분하는가? 열정은 만들어낼 수 없는 것이다. 직원들이 어떤 일에 헌신하는 것을 가치 있게 여기는지 알고 싶다면 그것을 발견하는 수밖에 없다.

비록 고슴도치 개념이 정의상 간단하더라도, 고슴도치 전략을 형성하는 것은 어려운 일이다. 콜린스가 연구한 기업들은 고슴도치 전략을 만들기까지 몇 년이 걸렸다. 그리고 이것은 대부분 외부 컨설턴트보다는 내부 직원들이 발견해냈다. 또한 고슴도치 개념은 사실에 근거를 두며, 사람들이 바라는 것과는 무관했다. 원하는 것을 상상하는 것이 아니라 실제로 무슨 일이 일어나는지 이해하는 것이 중요했다.

헨리 민츠버그: 전략에 대한 오해

여러 가지 목록, 원리와 이론이 전략이 구조화된 프로세스이며 현실 속의 기업에서는 통제할 수 없는 마법의 요소라는 인상을 줄 수 있다. 하지만 조금이라도 삶을 경험해봤다면, 존재하는 모든 것은 기업 세계에서도 잘 변하지 않는다. 사실 이것은 헨리 민츠버그의 전략이론의 요지이다. (민츠버그에 대해서 2부 조직에서 다루었다.) 그는 전략을 짤 때 범하기 쉬운 세 가지 논리적 오류가 있다고 지적한다.

그 첫 번째 오해는 미래가 예측 가능하다고 믿는 것이다. 미래는 상대적으로 안정적인 시기에만 예측할 수 있다. 트렌드 브레이크trend breaks와 시장의 새로운 기술과 혁신은 과거 정보를 기반으로 예측될 수 없다. 트렌드 브레이크는 이유 없이 트렌드 브레이크라고 불리는 것이 아니다.

두 번째 오해는 생각하는 것과 행동하는 것이 분리될 수 있다고 여기는 것이다. 많은 조직에서 전략은 고객과 대화해보거나 제품을 팔아본 경험이 한 번도 없는 사람들에 의해 만들어진다. 현장의 일상 업무에 관여하지 않는 사람들은 특히 수치에 대한 거짓 믿음을 형성하기 쉽다. 결과적으로 그들은 현실에서 아무 쓸모 없는 전략을 시행하기도 한다. 모든 실행상 오류는 전략과 실행이 동떨어져 있기 때문에 생기는 것이라고 민츠버그는 말한다.

세 번째 오해는 전략 의사결정이 형식적인 프로세스라는 것이다. 정확히 이 오해 때문에 모든 엉뚱하고 새로운 아이디어들이 불가능하게 여겨지는 경우가 많다. 전략 기획자의 형식적인 분석과 일치하지 않는 기회는 무시당한다. 이것은 기업이 중요한 기회를 놓치게 만드는 원인이라고 민츠버그는 지적한다. 성공적인 전략은 온실 속에서 정갈하게 자라는 토마토와 달리 잡초처럼 자란다. "전략은 계획의 결과물이 아니라 계획의 시작점"이라고 민츠버그는 이 문제를 요약한다. 비전을 세운 다음에 비로소 계획을 시작할 수 있는 것이다. 이것은 데이터와 분석 그리고 학습 프로세스의 코칭을 요구한다. 결국 그것이 전략의 모든 것이다. 행동에 의한 학습인 것이다.

전략에 대한
실용적인 교훈

우리는 3부에서 여러 가지 이론을 다루어보았다. 이제 무엇이 가장 중요한지 스스로 물어볼 차례가 돌아왔다. 우리 일과에 적용할 수 있는 가장 중요한 전략 교훈은 무엇인가?

> **전략 교훈**
>
> ❶ 고객만이 전략의 타당성을 결정할 수 있다.
> ❷ 전략은 결국 일관성의 문제이다.
> ❸ 당신의 계획과 실험에 집중하라.

1. 고객만이 전략의 타당성을 결정할 수 있다.

모든 사람은 비즈니스가 고객 지향적이어야 한다는 것을 알고 있다. 하지만 그것을 실천하기란 어렵다. 많은 기업이 구조적으로 그들의 시장 수준과 고객 지향을 과대평가한다. 그들은 고객이 원하는 것을 제공한다고 말하지만, 마케팅 전문가들이 중요한 의사결정에서 배제되고(코틀러의 1P밖에 할 줄 모르는 사람을 기억하는가?) 기업을 경영하는 남성과 여성 리더들이 고객과 직접 대화하는 경우는 드물다.

여기 대안 접근법의 한 가지 예가 있다. 한 인터뷰에서, Endemol의 창시자인 언론계 거물 존 드 몰이 디테일의 중요성에 대해 설명했다. 드 몰은 그의 제작사에서 만든 몇 가지 TV쇼의 배경 색상 결정에 직접 관여한다. 그는 시청자가 화면에서 무엇을 보느냐가 대단히 중요하다고 설명했다. "내가 무엇을 만드느냐는 중요하지 않다. 나는 항상 사람들이 정말 이것을 보고 싶어 하는지 그들과 공감해보려고 한다." 스스로에게 물어보자. 당신의 관점은 무엇인가? 사무실에 앉아 있으면 여러 가지 운영 활동이 동떨어져 보일 수 있다. 그렇지만 고객의 관점에서 바라본다면 드 몰이 말한 것과 같이 작은 디테일이 가장 눈에 띈다는 것을 알 수 있다.

또 다른 예는 네덜란드 주간지 《Elsevier》의 편집장 아렌도 주스트라가 오랫동안 해온 일이다. 그는 매주 구독자에게 직접 전화해 잡지에 대해 좋거나 싫었던 점을 물어보는 데 하룻밤을 투자한다. 그는 구독을 중단한 사람들에게도 개인적으로 전화하고 접수된 불만에 대해 직접 답변한다. 어느 날 한 구독자가 《Elsevier》의 잉크가 가끔 자기 흰색 소파에 얼룩을 남긴다고 불평했다. 주스트라는 그 즉시 인쇄소에 가서 이에 대한 해결책을 찾아보았다.

고객을 주인공으로 생각하는 경영자는 주기적으로 시간과 노력을 투자하여 고객의 관점에서 기업을 조망하고, 주기적으로 고객의 피드백을 물어본다. 전략의 성공 여부는 고객이 칼자루를 쥐고 있다.

2. 전략은 결국 일관성의 문제이다.

전략은 선택하는 것이다. 그러나 그것으로는 충분하지 않다. 당신이 선택한 방향은 기업의 활동과 전체 비즈니스 모델에 반영되어야 한다. 그것이 장기 경쟁 우위를 만들 수 있는 유일한 방법이라고 포터와 오스터왈더 그리고 다른 경영사상가들은 말한다.

얼마 전 필자는 토목공학과 교수와 대화를 나누었다. 그는 건설산업이 겪고 있는 문제에 대해 상세하게 설명해주었다. 다른 한편으로 건설산업은 맞춤 솔루션을 제공한다. 모든 건물은 새롭고 다르고 현장에서 지어진다. 하지만 동시에 가격 경쟁을 하게 된다. 이것은 차별화 전략과 원가우위 전략의 불가능한 조합이라고 그는 설명한다. 결과적으로 대부분의 건설 회사는 비슷하고, 고객이 진정 원하는 것을 제공하지 못한다. 그리고 가격은 항상 고객이 기대한 것보다 높다.

한 가지 해법은 건설 회사들이 원가우위 전략을 프로세스에 적용해서 모듈 또는 전체 긴물의 시리얼 프로덕션에 집중하는 것이라고 그 교수는 말한다. 시리얼 프로덕션은 자동차와 컴퓨터같이 기술적으로 복잡한 상품이 선택하는 접근 방식이다. 나머지 건설 회사들은 계속해서 맞춤 건물을 높은 가격에 판매하는 데 집중할 수 있다. 정보와 커뮤니케이션 프로세스의 정확도 개선은 현재 발생하고 있는 실패비용을 예방할 수 있게 해줄 것이다.

전략에서 조직 내 모든 활동의 관계에 대해 비판적으로 바라볼 수 있는 능력은 필수적이다. 경영자로서 당신은 조직 내부 프로세스와 전체 비즈니스 모델의 구조가 어떻게 전략과 논리적으로 연결되는지 설명할 수 있어야 한다.

3. 당신의 계획과 실험에 집중하라.

필자는 이것이 역설적이라는 점을 인정한다. 당신의 전략은 고정불변이어야 하며, 다른 한편으로는 전략의 틀 안에서 계속 새로운 것을 시도해봐야 한다. 민츠버그와 피터스 같은 경영사상가들은 이 점을 지난 수십 년간 역설해왔다.

몇 가지 예를 들어보겠다. 구글은 전 직원에게 업무 시간의 20%를 그들이 흥미롭게 생각하는 것에 투자할 수 있게 해준다. 이 자유시간은 구글 어스처럼 가치 있는 상품을 만들었고, 구글의 전략에 꼭 맞다.

네덜란드에서는 고용보험의 수행을 담당하는 UWV와 지방자치단체들이 고용센터Werkpleinen를 만든다. 이곳에서는 구직자들에게 필요한 서비스를 원스톱으로 제공한다. 서비스를 개혁할 때, 그들은 규제 자유 구역rule-free zone을 시행했다. 몇 개 도시의 공무원들은 구직자를 위한 것이라면 정해진 기간 동안 규칙을 우회하는 것을 허락받았다. 이것은 업무수행에 많은 개선 효과를 가져왔다. 미국 경제학자 폴 로머는 규제 자유 경제 구역이 세계 빈곤 퇴치의 솔루션이 될 수 있다고 말했다. 로머는 홍콩, 선전, 싱가포르와 같은 도시의 성공에 대해 지적한다.

개발도상국은 일시적으로 특정 구역의 사업가들에게 부를 축적하는 방안에 대해 살펴볼 수 있는 자유를 허락해야 한다. 많은 경영사상가가 실험의 중요성을 강조한다. 필자의 경험에 의하면, 실험은 몇 가지 이점을 가져다준다.

- 실험의 일시적이고 비영속적인 속성 때문에 경영자와 직원들은 실험에 기

꺼이 참여한다.

- 아이디어의 성공 여부에 대해 장기간 이론적인 논의를 하는 것은 실험을 하기 전까지 미뤄둘 수 있다.
- 실험은 업무를 더 즐겁게 해준다. 정답을 맞힐 필요 없이 새로운 일을 시도해보는 것은 대부분 사람들에게 즐거움을 가져다준다.

전략은 하나의 방향을 고수하고 역량 내에서 여러 가지 방법을 실험해보는 것이다. 전략은 엄격한 규칙과 창조적인 공간의 조합이다.

Execution

4부

실행
Execution

실행
Execution

- 어떻게 좋은 기업을 넘어 위대한 기업으로 전환하는가?

- 변화는 한 번에 한 걸음씩.

- 할 일은 많은데 시간은 적다. 어디서부터 시작해야 하는가?

사업을 하면서 가장 큰 문제 중 하나는 계획을 실행에 옮기는 것을 확인하지 못한다는 것이다. 기업의 많은 변화 노력은 대부분 실패한다. 성공적으로 전략을 실행하는 것이 조직의 궁극적인 도전 과제가 되었다고 로버트 캐플란은 말한다. 이 문제는 여러 경영자들이 몰락한 원인이기도 하다. 경제전문지 《포춘》은 《왜 CEO는 실패하는가Why CEOs fail》에서 CEO 강제 퇴임의 70% 이상은 그들이 계획한 것을 실행하는 데 실패한 것이 원인이라고 밝혔다.

지금이야말로 한발 물러서서 경영학 관점 밖에서 문제를 관찰해볼 순간이다. 심리학자 대니얼 카너먼은 2002년 노벨상 수상자이다. 그는 다른 학자들과 마찬가지로 우리 뇌를 두 가지 시스템으로 구분하는데, 이 두 시스템은 서로 대립한다. 그는 아주 작은 테스트로 사람들이 그 두 가지 시스템을 경험할 수 있게 한다. 한번 같이 해보자.

> - 야구배트와 공의 가격은 모두 1달러 10센트이다.
> - 야구배트는 공의 가격보다 1달러 높다.
> - 그렇다면 공의 가격은 얼마인가?

대부분의 사람들은 곧장 '10센트'라고 대답할 것이다. 그러나 그것이 답이라고 생각한 순간, 당신의 뇌는 스스로 오류를 찾아낼 것이다. "잠깐만, 10센트라니 그게 맞을 리가 없잖아! 만약 10센트라면, 야구공과 야구배트의 가격은 10센트 더하기 1달러 10센트인데, 그렇게 되면 합이 1달러 20센트가 되잖아. 그러니까 정답은 5센트지." 이 테스트는 우리 뇌의 두 가지 시스템이 근본적으로 충돌한다는 것을 보여준다. 시스템 1은 아무 노력 없이, 빠르고, 자동적으로, 무의식적으로, 무질서하게 반응한다. 이것은 우리 생각과 행동의 대부분을 지배한다. 시스템 2는 의식적이고 계획적으로 작동하지만, 우리 행동에 아주 큰 영향을 미치지는 못한다. 시스템 2를 통해서 우리는 굉장한 계획을 세울 수 있지만, 실행을 할 때는 시스템 1이 가동되어 제한이 생긴다.

이것은 무엇을 의미하는가? 당신이 하고 싶은 일을 하는 데 실패하는 것은 논리적이지는 않지만 인간적이라는 것을 의미한다. 이것은 우리가 실행에 대한 최고의 조언을 찾아보는 데 충분한 이유가 된다. 실행에 대해 알아보면서 이렇게 질문해보자. 좋은 기업을 위대한 기업으로 만들기 위해 어떤 것이 필요한가? 효과적인 경영 변화에 어떤 중요한 절차가 있는가? 전략을 어떻게 일과에 담을 것인가? 그리고 조직의 어느 부분에서 시작해야 하는가?

짐 콜린스
좋은 기업을 넘어 위대한 기업으로

> 좋은 것은 위대한 것의 적이다.
> 짐 콜린스

짐 콜린스Jim Collins(1958~)는 지난 20년간 유명한 경영서 저자로 활약했다. 그는 아주 정밀하고 세밀하게 전략을 좋은 결과로 바꾸는 원리에 대해 연구한다. 콜린스는 스탠퍼드 대학에서 수학과 경영학을 전공했고, 나중에는 스탠퍼드의 교수가 됐다. 그는 대학생 시절에 피터 드러커와 만났다. 드러커는 그에게 항상 배우고 혁신하는 '학생'이 되라고 격려해주었다.

콜린스는 장기간에 걸쳐 여러 회사를 앞선 성과를 내는 동시에 사회에 큰 영향을 미치는 기업에 매료되었다. 1995년 첫 저서 《성공하는 기업들의 8가지 습관Built to Last》(김영사)이 성공한 이후 콜로라도 주 볼더에 그가 어려서 다녔던 초등학교 건물에 연구소를 개설했다. 그가 책에서 언급하는 연구는 이 연구소에서 이루어졌다.

콜린스는 포부를 크게 갖는 것을 좋아하고, 목표를 이루기까지 꼼꼼하게 작업한다. 그는 하나의 연구를 일반적으로 몇 년에 걸쳐서 한다. 콜린스는 개인적인 시간에는 유능한 암벽 등반가로 개인기록을 깨기 위해 부단히 노력한다.

비전과 지속적인 성공

1990년대 초반에 콜린스와 그의 동료 제리 포라스 그리고 연구진들은 프록터 & 갬블, 보잉과 월트 디즈니 등 18개의 비전 있는 기업을 조사했다. 콜린스와 포라스는《성공하는 기업들의 8가지 습관》에서 연구를 통해 몇 가지 경영 신화들의 오류를 입증했다. 여기 몇 가지 예제가 있다.

- **위대한 기업은 대단한 아이디어를 가지고 시작한다.** 사실이 아니다. 비전 있는 회사들도 처음에는 계획과 아이디어가 전혀 없었다.
- **비전 있는 기업은 카리스마 넘치는 지도자가 있다.** 그렇지 않다. 비전 있는 기업은 비전가와 그 반대 성향의 사람들도 이끌 수 있다.
- **비전 있는 기업은 유사한 핵심가치를 가지고 있다.** 사실이 아니다. 성공한 기업들은 굉장히 다른 핵심가치를 가지고 있다. 정말 중요한 것은 구성원들이 기업의 가치를 믿고 행동하느냐이다.
- **우수 기업들은 안전을 우선시한다.** 틀렸다. 그들은 야심 찬 목표를 세울 용기와 그것을 이루기 위한 투지가 넘친다.
- **사람들은 비전 있는 기업에서 일하는 것을 좋아한다.** 아니다. 비전 있는 기업들은

펑장히 강한 이념이 있기 때문에, 그곳에서 일하는 것을 사랑하거나 혐오한다. 중간은 없다.

- **성공은 기막히고 복잡한 전략계획의 결과이다.** 역시 아니다. 사실 성공한 기업들은 많은 실험을 한다. 그들은 시행착오, 실패와 재기를 거쳐 발전한다.
- **우수 기업은 경쟁에서 이기는 것을 최우선으로 한다.** 그렇지 않다. 비전 있는 기업들은 스스로를 정복하고자 한다. 스스로를 정복하는 과정에서 다른 기업을 이겼다면, 그것은 작은 보너스라고 생각한다.

콜린스와 포라스는 비전 있는 기업으로부터 배울 수 있는 몇 가지 교훈을 제시한다. 가장 중요한 것들만 추려서 정리해보겠다.

- 야망 있고 고무적인 목표 또는 BHAG를 세운다. BHAG는 콜린스와 포라스가 만든 약어로 Big Hairy Audacious Goals _{크고 위험하고 대담한 목표}를 뜻한다. 예를 들어 포드의 목표는 '자동차의 민주화'였고, 마이크로소프트는 '모든 가정에 컴퓨터 한 대'가 목표였다. BHAG는 기업의 핵심역량과 직접적인 연관이 있어야 하고 사람들을 움직일 수 있어야 한다.
- 비전 있는 많은 기업이 자신만의 독특한 비즈니스 문화를 가지고 있다. 그들은 직원에게 기대하는 행동이 명확하고, 그곳에서 일함으로써 자신이 특별하다고 느끼게 해주고, 높은 수준의 헌신을 요구한다. 신입사원을 위한 훈련 프로그램과 기업 CM송을 외우게 하는 것은 마치 교육보다는 세뇌에 가깝다.
- 비전 있는 기업은 외부에서 최고경영자를 영입하기보다, 그들만의 리더를

발굴해낸다. 지속적인 강한 리더십을 지향함으로써 이 기업들은 미래를 위한 핵심가치를 지켜나간다.

- 비전 있는 기업은 시행착오에 놀라울 만큼의 노력을 기울인다. 만약 성공하면 그것을 유지하고, 실패하면 버린다. 이 노력은 성공과 실패로 표현되지 않고, '실험'이라고 표현한다. 실험은 정직한 평가를 도모하고 사적인 개입을 예방할 수 있게 해준다.

- 비전 있는 기업의 사전에 '괜찮다'는 단어는 없다. 그들은 오늘의 성공에 안주하지 않는다. 오히려 내일은 더욱더 뛰어난 일을 해내려고 집중한다. 이 태도를 유지하기 위해 그들은 끊임없이 결과를 측정하고 비교한다.

좋은 기업을 넘어 위대한 기업으로

《성공하는 기업들의 8가지 습관》 이후에 콜린스는 그의 연구진과 새로운 연구 프로젝트를 시작한다. 그는 어떻게 하면 좋은 기업에서 위대한 기업이 될 수 있는지 알고자 했다. 수백 개의 조직을 살펴본 다음에 콜린스는 11개의 기업을 선택했다. 그는 기업을 성공으로 이끈 혁신적인 리더십을 연구했을 뿐만 아니라 그것을 실패한 기업과, 성공했지만 몰락한 기업과 비교했다. 《좋은 기업을 넘어 위대한 기업으로Good To Great》는 이 조사결과를 바탕으로 2001년 출판됐고, 곧바로 세계적인 베스트셀러가 됐다.

❶ 5단계 리더십

❷ 사람이 먼저, 그다음이 할 일

❸ 냉혹한 현실을 직시하라

❹ 고슴도치 개념

❺ 규율의 문화

❻ 기술 발전 가속 페달

❼ 플라이 휠

콜린스는 그의 책에서 위대한 기업의 일곱 가지 특징을 설명한다.

1. 5단계 리더십. 5단계 리더는 개인적 겸양과 강한 직업의지를 겸비한다. 세상에 알려지는 것을 피하고, 탄탄한 사업을 만드는 데 집중한다. (1부 리더십에서 더 상세하게 다루었다.)

2. 사람이 먼저, 그다음이 할 일. 위대한 기업의 리더는 먼저 제대로 된 직원을 뽑은 다음에 같이 전략을 구상한다. 콜린스는 딕 쿨리를 예로 든다. 쿨리는 1970년대 초 웰스파고 은행의 CEO였다. 그는 은행 업계에 전면적인 변화가 올 것이라는 직감이 있었다. 그러나 어떤 변화일지는 예상하지 못했다. 그렇기 때문에 그는 우수한 인재들을 등용하고, 필요하다면 새로운 직함을 만들어서라도 채용했다. 몇 년이 지난 뒤 쿨리와 그의 인재 팀은 성공적인 전략을 고안해냈다.

3. 냉혹한 현실을 직시하라. 위대한 기업은 그들이 처한 상황을 솔직하게 받아들이고, 그것에 적합한 대처를 한다. 그들은 질문에 이끌리거나 정답에

이끌리지 않는다. 콜린스가 좋아하는 일화가 있다. 2차 세계대전 중, 윈스턴 처칠은 부하들이 그의 강직한 성격을 두려워한 나머지 듣기 좋은 소리만 할까 봐 걱정이 됐다. 그래서 그는 통계청을 설립했다. 이 통계청의 유일한 목표는 올바른 의사결정을 위해 확실한 정보를 구하는 일이었다.

4. 고슴도치 개념. 고슴도치처럼 위대한 기업은 굉장히 간단하고 효율적인 전략을 갖고 있다. (3부 전략 편에서 더 상세하게 알아볼 수 있다.) 콜린스는 기업의 핵심역량을 차근차근 발견해나가는 것이, 경영 컨퍼런스에서 이틀간 계획을 짠 다음 몇 달 만에 시행하는 것보다 훨씬 유익하다고 말한다.

5. 규율의 문화. 위대한 기업은 직원이 전략을 이해하며 전략에 맞게 행동한다. 콜린스는 전 직원이 기업의 목표를 이루기 위해 행동할 수 있는 자유가 있는 것이 중요하다고 말한다. 위대한 기업은 어떤 일이 중요하지 않은지에 대해서도 명확하게 알고 있다고 강조한다.

6. 기술 발전 가속 페달. 위대한 기업은 기술 변화를 수용하는 것에 조심스럽다. 그들은 고슴도치 원리와 관련된 기술의 사용을 제한하는 경향이 있다. 예를 들면, 월그린스 드럭스토어는 1990년대 초 온라인 판매를 연기했을 때 많은 비난을 받았다. 하지만 월그린스는 그들의 매장, 고객당 이윤과 경쟁우위에 인터넷이 어떤 영향을 미치는지 더 조사해보기를 원했다. 월그린스는 결국 온라인 사업을 시작했지만, 경쟁사보다 훨씬 나중의 일이었다. 월그린스의 온라인 매장은 처음부터 순조로웠고, 앞선 물류 관리 시스템을 갖추고 있었다. 월그린스 고객들은 우편으로 물

건을 수령할 수 있을 뿐만 아니라 드라이브스루 매장에서 직접 물건을 찾아갈 수 있었다.

7. 플라이 휠. 위대한 기업은 모든 변화에 시간이 걸린다는 것을 알고 있다. 그렇기 때문에 기업을 변화시킬 때 목적의식과 인내를 갖고 임한다. 콜린스는 이것을 플라이 휠과 비교하기 좋아한다. 플라이 휠은 처음에는 작동시키기 어렵지만, 돌기 시작하면 멈추기가 어렵다. 의사결정, 실행과 결과는 상승효과를 가져온다. 하지만 반대로 수동적으로 반응하고, 방향을 계속 틀고, 여러 가지 일을 한꺼번에 처리하면 악순환을 가져온다.

《좋은 기업을 넘어 위대한 기업으로》에서 설명한 일곱 가지 특징은 몇 달만에 기업을 바꿀 수 있는 마법의 공식이 아니다. 하지만 현재 기업의 실상을 파악하는 데 도움을 주며 동시에 다음 수를 둘 때 영감을 얻을 수 있다.

존 코터
변화관리 8단계

전략, 구조, 문화, 시스템은 핵심 이슈가 아니다. (…)
가장 핵심적인 것은 항상 사람들의 행동을 바꾸는 일이었다.

존 코터

◇◇

존 코터John Kotter(1947~)는 변화관리 분야의 최고 권위자 가운데 한 명이다. 코터의 명성은 그의 과학출판물뿐만 아니라 세계적으로 유명한 베스트셀러에서 비롯된다. 1996년도부터 유명했던 첫 책《기업이 원하는 변화의 리더 Leading Change》(김영사)는 변화관리 8단계를 소개한다. 그가 나중에 펴낸 저서《빙산이 녹고 있다고?Our Iceberg Is Melting》(김영사)는 변화에 직면한 펭귄 부족의 우화를 통해, 그의 8단계 이론을 여러 방법으로 보여준다.

코터는 MIT와 하버드를 졸업했고, 33세에 하버드대 교수가 됐다. 나중에는 코터 인터내셔널이라는 컨설팅 회사도 설립했다. 그는 지난 몇 년간 기업의 변화 노력은 대부분 실패할 것이라고 경고했다. 그러나 세상이 변하는 속도는 계속 가속할 것이라고 강조했다. 그렇기 때문에 우리는 더 변화를 실행

해야 할 필요가 있다고 코틀러는 말한다.

8단계 프로세스

코터는 변화를 주도하기 위한 8단계를 소개한다. 이는 변화를 시도하지 않는 기업이 잘 잊는 프로세스라고 그는 지적한다.

변화를 위한 8단계
❶ 위기감을 조성하라.
❷ 변화선도팀을 구성하라.
❸ 올바른 비전과 전략을 개발하라.
❹ 변화 비전을 공유하라.
❺ 실행권한을 부여하라.
❻ 단기적 성과를 창출하라.
❼ 후속 변화를 창출하라.
❽ 조직문화로 정착시켜라.

1. 위기감을 조성하라.

직원들이 개선의 필요성을 느끼고 개선의 여지를 보일 때 비로소 변화를 일으킬 수 있다. 코터는 많은 경영자가 이 첫 번째 단계를 간과한다고 말한다. 경영팀 4분의 3이 정말 개인적으로도 변화가 필요하다고 느껴야지 조금이라도 변할 여지가 생긴다. 위기감 조성에 대해서는 나중에 더 다루어볼 것이다.

2. 변화선도팀을 구성하라.

조직 각 부서에서 신뢰할 수 있는 직원들을 모아서 변화선도부를 구성한다. 구성원들은 직급 때문이 아니라 그들의 리더십, 전문성과 성품으로 인해 주변 동료들의 신임을 받는 인사들로 이루어져야 한다. (에버렛 로저스의 전략 모델에서 조기수용자를 떠올리면 좋을 듯하다.) 선도부원들이 서로 협력해서 기업 변화에 헌신할 수 있도록 격려해준다.

3. 올바른 비전과 전략을 개발하라.

구체적으로 어떤 변화를 줄 것인지, 어떻게 변화를 이끌어낼 것인지 정의해본다. 명확한 비전은 실행에 옮길 때 구체적인 의사결정을 내릴 수 있도록 도와준다. 명확한 비전은 생동감 있고, 매력적이며, 실행 가능하고, 다른 사람들에게 쉽게 전달될 수 있어야 한다. (실행 절차를 유념해주기 바란다. 먼저 사람을 뽑고, 그다음에 비전을 세운다. 짐 콜린스 역시 이와 같이 언급했다.)

4. 변화 비전을 공유하라.

비전은 간단하고 직접적인 표현을 써서 최대한 많은 직원이 이해하고 받아들일 수 있도록 한다. 모든 방법을 동원해서라도 목적을 달성해야 한다. 코터는 대부분의 기업들이 비전을 공유하는 데 필요한 노력을 10%밖에 발휘하지 못한다고 지적한다. 비전 공유에서는 변화선도부가 먼저 모범을 보일 수 있도록 한다.

5. 실행권한을 부여하라.

변화에 장애물이 되는 것은 제거하고 비전을 방해하는 시스템과 구조를 개혁한다. 새로운 시도와 제의가 논의될 수 있는 장을 만든다. 예를 들어, 직원들에게 새로운 비전의 실행에 대한 보상 프로그램을 제공한다. 변화와 연관이 없는 문제에 대해 많은 것을 요구하는 리더에게 제재를 가한다.

6. 단기적 성과를 창출하라.

변화선도부를 중심으로 몇 달 이내에 가시적인 성과를 낼 수 있도록 만든다. 단기성과를 창출한 직원들을 칭찬하고 보상해준다. 많은 장기 목표가 단기 실패로 인해 좌절된다. 단기적 성과 창출은 침묵과 저항의 벽을 허물 수 있다.

7. 후속 변화를 창출하라.

비전과 무관한 시스템, 구조와 규율을 바꾸는 데 당신이 쌓은 신용을 사용한다. 비전을 이루는 데 도움이 될 새로운 직원들에게 투자한다. 마지막으로 절대 일이 '끝났다'는 생각을 버려야 한다. 일은 끝나지 않는다. 변화를 위해 지속적으로 새로운 아이디어, 프로젝트와 직원들을 투입해야 한다.

8. 조직문화로 정착시켜라.

조직 내 과반수가 변화를 받아들일 때 비로소 변화가 조직문화로 정착된다. 조직문화를 바꾸는 것은 첫 단계가 아니고 마지막 단계라는 점을 기억하자. 변화가 유지되려면, 새로운 시도들이 어떻게 기업의 성공에 기여했는지 보여주어야 하고, 새로운 시도에 대해 보상하며, 새로운 문화와 어울리는 직원을 지속적으로 채용해야 한다.

가장 큰 문제

몇 년 전 '하루 만에 끝내는 MBA' 세미나에서 코터가 직접 강의를 한 적이 있다. 필자는 그에게 변화를 선도하는 데 가장 큰 걸림돌은 무엇이냐고 물었다. 그는 바로 위기감 부재라고 답했다. 많은 경영자가 변화를 선도하는 것이 얼마나 중요한지 너무 늦게 발견한다고 코터는 강조했다. 그들은 단계별로 정확하게 실행하는 것이 얼마나 중요한지 이해하지 못하고 위기감을 조성하는 첫 번째 단계를 생략하는 경우가 있다. 결과적으로 직원들은 위기감 부재로 인하여 협력의 중요성을 느끼지 못한다.

위기감은 어떻게 조성할 수 있는가? 코터는 보고^{see}, 느끼고^{feel}, 변화^{change}하는 접근법이 분석^{analysis}하고, 사고^{think}하고, 변화^{change}하는 접근법보다 더 효율적이라고 말한다. 그는 다음과 같은 예제를 가장 애용한다.

한 고객이 화가 난 상태로 공장 관리자에게 맞춤 상품 변경을 지속적으로 요구했다. 고객은 상품에 대해 매우 불만족해했다. 그래서 그는 고객에게 다시 한 번 문제를 얘기해달라고 부탁하고, 이번에는 그 내용을 영상으로 녹화했다. 고객이 15분 동안 화를 내는 영상을 기록한 뒤, 공장 동료 50명에게 그 영상을 보여주었다. 몇 명은 문제를 부정했지만, 대부분의 사람들은 해결책을 내놓기 시작했다. 마지막으로 이 영상은 직접적으로 상품을 제작하는 공장 직원 400명에게 보여졌고, 많은 사람들이 진정으로 개선하는 데 동참하게 되었다.

보고, 느끼고, 변화하는 접근법은 문제와 해결책을 시각화하고, 그것을 사람들이 경험하게 해준다. 또한 사람들이 변화에 기여할 수 있도록 사기를 진작시키고 변화를 방해하는 자기안주와 냉소주의를 경감시킨다. 분석하고 사고하고 변화하는 접근법은 정보를 입수하고, 보고하고, 발표하는 방식이다. 이 접근법을 사용하는 사람들은 사람들이 스스로 판단하고 변화하길 바란다. 그러나 이러한 접근법을 사용해서 성공하는 기업은 매우 드물다. 사람들이 위기감을 못 느끼도록 방해하는 요소가 두 가지 있다.

- 자기안주. 왕년의 성공담이 아직까지 우리를 잠들게 하고, 위기가 닥쳐와도 깨어나지 못하게 만든다. "문제가 있다고요? 그럼 컨설턴트를 고용하면 되지 않나요?" "미팅을 해야 한다고요? 아마 3주 뒤에 시간이 날 것 같기도 하네요."
- 거짓 위기의식. 기회가 아니라, 실수와 문책을 더 강조한다. 이것은 심리적 공황을 야기한다. 일 때문에 바빠지는 것이 아니라, 주로 자기 밥그릇을 지키고 다른 사람들을 공격하느라 바쁘게 된다.

진정한 위기의식은 모든 것이 괜찮다는 자기안주 혹은 모든 것이 무너져 내린다는 심리적인 공황에서 오지 않는다. 중대 사안과 기회를 인식하고 실천의 중요성을 깨닫는 것에서 비롯된다. 리더들은 진정한 위기의식을 조성하기 위해 네 가지 일을 할 수 있다.

1. 외부세계를 받아들인다. 고객들이 느끼는 것을 공감한다.

2. 모범을 보인다. 일정표에서 중요하지 않은 약속은 모두 취소하고 지금 가장 중요한 일부터 먼저 한다.

3. 위기 속에서도 기회를 찾는다. 위기가 어떤 일상 속 문제와 연관되어 있고 어떻게 개선할 수 있을지 머릿속에서 시각화한다.

4. 방해꾼을 해결한다. 프로세스를 의도적으로 저해하는 동료들은 가지치기를 하고, 집에 보내거나 공개적으로 질책한다.

위기감을 조성한다는 것은 결국 적당한 수위의 스트레스를 만드는 것이다. 스트레스를 너무 안 받으면 일이 진척되지 않지만, 너무 많으면 잘못을 저지르게 되니 유의해야 한다.

21
캐플란 & 노턴
전략과 실행의 균형

기업이 새로운 전략을 실행하지 못하는 문제의 해결책은,

균형성과관리 기법이다.

로버트 캐플란 & 데이비드 노턴

로버트 캐플란Kaplan & Norton(1940~)과 데이비드 노턴(1941~)은 균형성과관리 기법Balanced Scorecard; BSC의 창시자이다. 균형성과관리 기법은 지난 수십 년간 가장 대중적으로 사용된 경영 관리 도구이다. 사실 성과 관리라는 단어는 균형성과관리의 동의어가 되어버렸다.

캐플란은 원래 전기공학도였다. 하지만 졸업한 뒤 그는 경영성과 측정 기법을 개선하는 방법을 연구했다. 회계학에서 캐플란은 활동기준원가계산 activity-based costing의 원리로 잘 알려져 있으며 현재 하버드 경영대학원에서 경영학 교수로 재직 중이다.

노턴은 경영 관리자이다. 그는 컨설턴트로 경력을 쌓다가, 후에 KPMG 회계 컨설팅 업체에 인수된 Nolan, Norton & Company를 공동으로 창립하

기도 했다.

노턴은 현재 기업 균형성과관리 서비스를 제공하는 Palladium Group의 이사직을 맡고 있다. 캐플란과 노턴은 20년 넘게 함께 일하고 있다.

균형성과관리 기법

앞서 언급한 바와 같이 많은 기업이 전략을 실행하는 데 어려움을 겪고 있다. 한 가지 이유는 대기업 직원 90% 이상이 회사의 전략을 제대로 이해하지 못하고 있기 때문이다. 전략을 구체적인 행동으로 옮기는 과정이 빠져버린 것이다.

바로 이 문제 때문에 균형성과관리 기법이 유명해졌다. 균형성과관리 기법은 기업이 다양한 분야에서 전략을 실행할 수 있도록 도와주는 도구이다. 성과 관리에 기여를 하고, 전략 실행에 없어서는 안 되는 존재가 되었다.

균형성과관리 기법The Balanced Scorecard

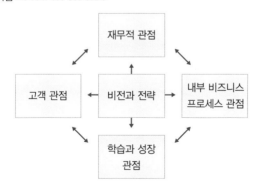

균형성과관리 기법이란 무엇인가? 문자 그대로, 사업의 여러 분야를 균형 있게 관리한다는 것이다. 직원마다 개인 균형성과관리 카드를 종이에 프린트해서 작성하고, 각 부서마다 균형성과관리 표를 벽 게시판에 붙여놓는다. 전사적으로는 균형성과관리 전자카드를 만든다.

캐플란과 노턴은 균형성과관리 카드를 비행기 조종실의 비행 계기판과 비교한다. 조종사는 계기판에만 의존할 수 없다. 비행 속도뿐만 아니라, 방향, 고도와 연료량도 체크해야 한다. 균형성과관리 카드는 사업에서 똑같은 역할을 한다. 사업을 네 가지 다른 시각에서 조명하는 시스템이다.

- 재무적 관점
- 고객 관점
- 내부 비즈니스 프로세스 관점
- 학습과 성장 관점

이 네 가지 관점은 서로 논리적으로 밀접하게 연관되어 있다. 높은 재무 점수를 원한다면, 고객을 만족시켜야 한다. 고객을 만족시키려면, 내부 프로세스의 흐름을 잡아야 한다. 만약 내부 프로세스를 지속적으로 개선하고 싶다면, 학습하고 성장해야 한다. 그리고 각 관점은 네 가지 요소를 지닌다.

- 첫째: 목표 objectives. 캐플란과 노턴은 각 관점의 장기 계획을 말로 설명할 수 있어야 한다고 말한다. 각 목표는 최소한 한 개의 동사와 한 개의 명사로 표현되어야 한다. 따라서 '고객 만족'은 부실한 목표이다. 차라리 '고객 지향

솔루션을 제공한다'가 더 구체적이다. 또한 목표에 프로젝트 명을 쓸 때 주의해야 한다. 'CRM 시스템 도입'이라고 말하기보다 '소비자 행동을 이해하자'라고 표현한다. 마지막으로 재무적 목표는 20% 미만으로 책정한다. 약 40%는 프로세스 관점 목표에 투자해야 한다.

- 둘째: 측정measures 또는 성과 지표. 목표 성취도를 어떻게 측정하겠는가? 재무적 관점에서 이것은 투자수익률 또는 경영성적이 된다. 고객 관점에서는 시간, 품질, 서비스와 비용 같은 측정 지표를 사용할 수 있다. 내부 비즈니스 프로세스 관점은 작업 시간, 품질과 생산성으로 측정할 수 있다. 학습과 성장은 핵심역량, 동기부여 정도와 업무 만족도가 유용한 지표가 된다.

- 셋째: 성과기준targets or performance norms. 앞에서 언급한 측정 지표에서 어떤 점수를 얻고 싶은가? 목표를 이루기 위해 어떤 규범과 수치를 만족시켜야 하는가?

- 넷째: 이니셔티브initiative. 성과 목표 달성을 위해서 무엇을 측정할 것인지 명확하게 해야 한다. 일상 업무를 어떻게 개선시켜야 하는가?

다시 말하면 BSC의 네 가지 관점은 각자 목표, 성과 지표, 성과 규범과 이니셔티브, 이 네 가지 요소가 만족되고 관리되어야 한다. 일이 꽤 많다. 하지만 각 관점을 일목요연하게 정리하고 나면 기업 전략의 명확한 설명과 구체적인 실행방안을 세운 것이나 마찬가지이다.

균형성과관리 기법의 방법

기업에 균형성과관리 기법을 도입한다고 가정해보자. 무엇을 해야 하는가? 제일 먼저 정확히 무엇을 원하는지 적는다. 성과 관리 카드는 결국 전략의 실행 방안을 짜는 도구일 뿐이다. 따라서 기업의 전략은 예를 들어 마이클 포터의 이론을 사용해서 직접 고안해내야 한다. 두 번째 전제조건은 개방적인 의사소통을 할 수 있는 기업 분위기이다. 균형성과관리는 전적으로 정보 교환에 의존한다. 점수를 매기려면, 서로 정보를 공유하고 기탄없이 토론할 수 있어야 한다. 만약 이 두 가지 전제조건을 만족했다면, 다음 3단계를 통해 균형성과관리 기법을 도입한다.

1. 도입 단계
2. 정렬 단계
3. 지속 단계

'도입 단계'는 3개월에서 6개월 정도 기간이 필요하고, 경영팀에서 균형성과관리 카드를 소개하고 보급을 촉진한다. 균형성과관리의 필요성을 설명하고, 균형성과관리 카드 도입을 위한 명확한 전략을 짜고 전략을 수행할 팀을 꾸린다. 수행 팀은 성공적인 도입을 위해 균형성과관리와 충돌할 수 있는 다른 전사적인 프로그램을 유예하거나 완화시킬 줄 알아야 한다.

두 번째 '정렬 단계'는 약 6개월이 소요된다. 이 단계에서는 다양한 인터뷰와 워크숍을 통해 기업에 알맞은 균형성과관리 카드를 작성하게 된다. 각 네 가지 관점은 어떤 기준을 만족시켜야 하는가? 무엇을 어떻게 측정하겠는가? 정렬 단계는 이런 질문에 대한 답을 찾는 단계이다. 이 단계에서 기업 내 모든 정보 시스템을 통합하는 과정이 이루어져야 한다. 그렇게 하면 다양한 측정 지표를 재기 위한 새로운 시스템을 개발할 필요가 없다. 정렬 단계까지 완료하고 나면, 이제 균형성과관리 카드를 본격적으로 사용할 수 있게 된다.

세 번째 단계는 지속 단계로 약 1년의 시간이 필요하다. 이 기간 동안 직원들은 일일 업무에 균형성과관리 카드를 사용하는 데 익숙해지고, 그것이 기업문화에 정착된다. 성과 관리 카드는 사용하는 중에도 계속 수정해나가야 한다. 종종 성과 관리 카드의 조율작업이 사람들로 하여금 다시 한 번 균형성과관리에 대해 상기하게 하는 긍정적인 효과를 낳는다.

균형성과관리 기법을 기업에 도입시켰다고 해서 일이 끝난 것이 아니다. 일반적으로 일정 기간 성과 지표를 측정하다 보면, 성과 목표를 이루기 위해 여러 가지 개선작업이 필요해진다. 물론 그것이 바로 성과 관리 카드의 목적이기도 하다. 성과 지표는 직원들이 전략 실행을 감행하도록 만든다. (리더십에서 다룬 켄 블랜차드와, 조직에서 다룬 테레사 에머빌의 이론과도 일치한다.)

전략맵과 전략기획실

최근 몇 년 동안 코터와 노턴은 상당히 바빴다. 균형성과표를 기반으로 전략 실행 분야에서 새로운 이론과 도구를 개발했다.

전략맵

전략맵Strategy Map은 가감 없이 말하면 기업 전략과, 각 요소와의 상관관계를 종이 한 장에 그려놓은 시각화 자료이다. (이것은 알렉산더 오스터왈더가 개발한 비즈니스 모델 캔버스와 비슷하다.)

- 전략맵의 첫 번째 단은 재무적 관점을 보여준다. 이 단에 목표 키워드를 적은 원을 그려 넣는다. 예를 들면, '회전율 증가'라는 키워드가 적힌 원을 그린다.
- 그다음 단에 고객 관점이 온다. 아까처럼 고객 목표를 적은 원을 그린다. 예를 들면 '판매가 상승' 또는 '빠른 배송'이라는 키워드를 적은 원을 그린다.
- 그다음 단은 내부 프로세스 관점을 적는다. 만약 '빠른 배송'이 고객 목표였다면, 공급업자와의 관계를 강화하고 견고한 유통 프로세스를 개발하는 것이 중요할 수 있다. 이 단에 있는 원에 이 키워드를 적는다.

- 마지막 단에는 학습과 성과 관점을 쓴다. 계속해서 '빠른 배송'을 예로 들었을 때, 효율적인 유통망을 개발하기 위해 정보 기술의 습득과 성장이 중요해지고 있으므로, 원 안에 정보 기술이라고 적을 수 있다.

전략 기획실

캐플란과 노턴은 전략을 제대로 실행하기 위해 전략 기획실을 따로 만들라고 권한다. 간단하게 들릴지 모르지만, 연구 결과에 의하면 전략 기획실은 절대 사치가 아니다. 전략 기획실이 없는 기업의 85%는 경영팀이 한 달에 한 시간조차 전략 기획에 투자하지 않으며, 50%의 관리자가 전략 자체를 무시한다고 보고했다.

전략 기획실은 기업 자금을 낭비하고 기업 관료제에 일조하는 부서가 되어서는 안 된다. 이와 반대로, 경영층과 밀접한 작은 팀이어야 한다. 팀 구성원은 성과관리표 작성, 경영 전략 미팅 준비, 그리고 직원과 효율적으로 전략을 공유하는 능 실용적인 문제에 집중해야 한다.

그들은 전략과 운영을 연결하는 중요한 책무를 맡고 있다. 만약 이 둘을 연결하는 데 실패하면, 하의상달bottom-up 조직이 된다. 전략의 중요성을 모른 채 운영에만 급급한 조직을 말한다. 아니면 전략만 외치고 전혀 실행하지 않는 상의하달top-down 조직이 된다. 데이비드 노턴은 인터뷰에서 이렇게 말했다. "전략과 운영은 반드시 하나로 연결되어야 한다!"

엘리 골드렛
한 명의 바보가 조직을 망친다

당신에겐 선택권이 없다.
당신이 제약조건을 관리하지 않으면
제약조건이 당신을 관리하게 된다.

엘리 골드렛

지금까지 여러 경영 구루의 통찰과 제안을 살펴보고, 도대체 어디서부터 시작해야 할지 고민에 싸인 독자들이 많을 것이다. 엘리 골드렛Eli Goldratt(1948~2011)은 이 고민을 간단명료하게 해결해준다.

골드렛은 이스라엘의 텔아비브와 바르일란 대학에서 물리와 철학을 공부했다. 그는 《The Goal》(동양북스)을 출간한 이후, 국제적으로 유명한 비즈니스 컨설턴트이자 경영 구루가 됐다. 그는 이 책에서 제약조건이론Theory of Constraints; TOC을 소개한다. 그 이후 몇 년간 제약조건이론을 여러 분야로 확장하고 적용시켰다. 골드렛의 취미는 경영자를 자극하는 것이다. 인터뷰에서 그가 이런 얘기를 들려준 적이 있다. "내 접근법은 대부분 상식이다. 그

말은 요즘 기업들 대부분이 몰상식하다는 뜻이다. 대부분의 경영사상은 허튼소리이다. 전략은 장기적인 허튼소리이고, 활동기준회계는 굉장히 정확한 허튼소리이다. 하지만 결국 다 허튼소리일 뿐이다."

보이 스카우트의 교훈

골드렛의 베스트셀러인 《The Goal》은 한 공장주에 관한 소설이다. 공장주의 이름은 알렉스 로고이고, 그의 공장은 하루가 멀다 하고 사업 문제와 직면하고 비즈니스 관계의 위기를 겪는다. 그때 그의 오랜 친구이자 동급생인 (골드렛의 또 다른 자아) 요나가 등장해서 도움을 준다.

요나는 실용적인 제안이나 해결책을 제시하기보다 알렉스가 스스로 생각할 수 있도록 도와준다. 이야기 마지막에 가면, 알렉스는 아무리 복잡한 기업이라도 중요한 것은 단 한 가지밖에 없다는 것을 깨닫는다. 바로 하나의 제약조건이 조직 전체를 좌지우지한다는 것이다.

골드렛은 《The Goal》에서 어떻게 알렉스가 아들 데이브의 보이 스카우트 캠프 리더로 활동하면서 진실을 발견하게 되는지 아름답게 묘사한다. 캠프장은 10마일 정도 하이킹해서 가야 하고, 길이 좁아서 아이들은 일렬로 걸어가야 한다. 하지만 얼마 지나지 않아 대열에 틈이 생기기 시작한다. 몸집이 뚱뚱한 허비라는 남자아이가 무거운 등짐 때문에 대열 전체의 속도를 늦추고 있던 것이다. 나중에 허비는 대열 끝에서 점점 뒤처진다. 이 속도로 가다가는 보이 스카우트 전체가 해 지기 전에 Devil's Gulch에 도착하지 못하게 된다. 그래서 허비 때문에 짜증 난 아이들의 반대에도 불구하고 알렉스는 허비를 대열 맨 앞에 세운다. 알렉스는 Devil's Gulch에 누가 먼저 도착하느냐가 중요한 것이 아니라 시간 안에 모두가 도착할 수 있느냐가 중요한 것이라고 설명해준다. 그리고 만약 이동속도를 높이고 싶다면, 허비가 속도를 낼 수 있는 방법에 대해서 생각해봐야 한다고 설명한다. 아이들은 허비의 배낭 속 짐을 나누어 들기로 결정한다. 그 덕분에 허비는 대열 맨 앞에 서서 속도를 올릴 수 있게 됐고, 팀 전체가 시간 안에 목적지에 도착하게 된다.

이것이 바로 제약조건이론의 요약이다. 이 이론은 생산 라인, 서비스 프로세스, 그리고 프로젝트 리더십 관리에 적용될 수 있다.

제약조건이론의 5단계

1. 시스템의 제약조건을 찾아낸다.

2. 제약조건을 최대한 개발할 방법을 결정한다.

3. 모든 공정을 이 방법에 종속시킨다.

4. 제약조건을 향상시킨다.

5. 제약조건이 해결되었다면, 다시 1단계로 돌아간다.

알렉스 로고가 하이킹을 하면서 깨달은 것은 허비가 제약조건이었다는 것이다. 어떤 방법을 시도해도 허비가 제약조건이 되기 때문이다. 만약 우리가 제약조건을 관리하지 못하면, 그 제약조건이 우리를 관리하게 된다. 이것을 이해했다면, 이제 보이 스카우트를 이끌 수 있을 뿐만 아니라 기업도 이끌 수 있게 된다.

제약조건이론

골드렛은 제약조건이론이 경영기법 그 이상이라고 생각한다. 이 이론은 복잡성을 이해하는 방법이기도 하다. 대부분의 사람들은 사업의 복잡성을 다루는 데 프로세스의 단계와 조직의 구성단위를 분리함으로써 해결한다. 이 방법이 효율적인 것처럼 보일 수 있지만, 실제로는 온갖 문제를 야기한다고 골드렛은 말한다. "만약 이 접근법을 사용하면, 우리는 더 이상 조직을 운영하는 것이 아니라 부서를 운영하는 것이다. 결과적으로 우리는 큰 대가를 치르게 된다. 많은 조직이 동기화 문제, 국부 최적과 사일로 사고방식에 시달린다."(이런 관점에서 골드렛의 아이디어는 3부 조직에서 다룬 마이클 해머의 아이디어와 비슷하다.)

5단계

❶ 시스템의 제약조건을 찾아낸다.

❷ 제약조건을 최대한 개발할 방법을 결정한다.

❸ 모든 공정을 이 방법에 종속시킨다.

❹ 제약조건을 향상시킨다.

❺ 제약조건이 해결되었다면, 다시 1단계로 돌아간다.

골드렛은 경영자가 비즈니스 시스템을 전체적으로 바라보고 조직에 방해가 되는 한 가지 요소를 찾아내는 것이 중요하다고 말한다. 이제 5단계를 조금 더 깊이 다루어보겠다.

1. 시스템의 제약조건을 찾아낸다. 비즈니스 프로세스의 어떤 하부활동이 또는 기계가 기업 성과의 산출량을 결정하는가? 어디서 업무가 정체되는가?

2. 제약조건을 최대한 개발할 방법을 결정한다. 이것은 중요한 단계이다. 예를 들어, 투자를 통해 수용능력을 제약이 발생할 때까지 늘렸다면, 이 제약이 최대한 활용되도록 조치를 취해야 한다.

3. 모든 공정을 이 방법에 종속시킨다. 만약 자동차 공장의 B부서가 제약조건이고 한 시간에 자동차를 최대 10대밖에 처리하지 못한다면, 그 바로 앞 공정을 맡고 있는 A부서에서 한 시간에 20대를 처리할 수 있더라도 무의미하다. 많은 기업에서 각각의 부서 산출량을 극대화하는 것이 일반적이다. 하지만 골드렛은 그것이 전혀 효율적이지 않다고 말한다. 왜냐하면 산출량은 결국 제약조건에 지배를 받기 때문이다.

4. 제약조건을 향상시킨다. 비즈니스 프로세스에 관여하는 직원들과 제약조건을 해결할 수 있는 방법에 대해 논의한다. 인력이 더 필요한가? 새로운 장비가 필요한가?

5. 제약조건이 해결되었다면 다시 1단계로 돌아간다. 지체 말고 다시 1단계로 돌아간다. 대부분 새로운 제약조건이 발생하기 때문에 단계를 거듭해서 해결해야 한다. 골드렛의 이론은 일시적인 문제해결을 위한 것이 아니다. 그의 이론은 지속적인 발전 방법을 제시한다.

가장 많이 받는 질문은 이것이다. 만약 제약조건이 내부에서 발생하지 않고 기업 외부에서 발생하면 어떻게 해야 하는가? 만약 판매가 가장 큰 제약조건이면 어떻게 하는가? 마케팅 전문가는 이렇게 대답할 것이다. 새로운 상품을 개발하고, 새로운 타깃 고객을 찾으라. 하지만 골드렛은 다른 접근 방식을 주장한다.

골드렛의 이론대로라면 가장 먼저 제약조건을 최대한으로 개발할 수 있는 방법을 찾는다. 고객 만족도가 이미 최적의 상태에 도달했는가? 배송이 항상 시간 내에 문제없이 도착하는가? 만약 B2B 업체 간 시장을 운영하고 있다면, 즉 기업 고객을 가지고 있다면, 고객의 수요가 물류, 생산, 판매 등 고객 기업 내부의 제약조건에 방해를 받는다. 만약 그렇다면 당신이 더 많은 상품과 서비스를 판매할 수 있도록 먼저 고객이 제약조건을 없앨 수 있게 도와준다. 그다음에 새로운 상품과 타깃 고객을 고려한다.

프로젝트 관리를 위한 TOC 사용

TOC 접근법은 비스니스 프로세스의 향상뿐만 아니라, 프로젝트 관리에도 적합하다. 프로젝트 관리의 가장 큰 문제점은 무엇인가? 프로젝트는 일회적인 경우가 대부분이고, 생산과 새로운 것을 시도하는 경향이 있다. 이것은 여러 불확실성을 초래한다. 이것을 완화하려고 우리는 프로젝트를 여러 단계로 나누게 된다. 하지만 이것은 문제를 해결하기보단 실수를 반복하게 만든다고 골드렛은 지적한다. 결국 우리는 기업의 각 부서를 따로 관리한 것과 같이, 각 프로젝트 단계를 따로 관리하게 된다.

이 전통적인 접근 방식은 각 프로젝트 단계를 보호하기 위해 시간을 낭비하게 만든다. 왜냐하면 각 프로젝트 매니저와 직원들은 자기 역할을 제대로 수행하고 싶어 하기 때문이다. 전통적인 접근 방식은 프로젝트에 세 가지 부정적인 영향을 미친다.

1. **학생증후군**the student syndrome: 시험 또는 과제 마감일 직전까지 일을 시작하지 않는다.

2. **체리 피킹**cherry picking: 동시에 여러 가지 일을 수행한다. 많은 기업의 부서와 직원이 동시에 너무 많은 프로젝트에 관여하고 있다. 결과적으로 그들은 해야 할 일을 정리하는 데 시간을 낭비하고, 정작 일은 끝내지 못하게 된다. 업무당 처리하는 시간은 정해져 있지만 프로젝트 달성 시간은 현저히 늘어나게 된다.

3. **업무 완성 지연**delaying completion of the task: 업무가 완성되어도 마감일이 되기 전까지는 다음 단계로 넘어가지 않는다. 바통 터치를 해야 할 팀원들이 전혀 준비되어 있지 않다. 결국 업무 효율을 늘릴 기회는 놓치고, 지연된 업무가 다음 단계에도 지속되어 전체 프로젝트에 차질을 빚게 된다.

이 세 가지는 프로젝트 완성에 위협이 되고, 우리가 가장 걱정해야 할 부분이다.

TOC 프로젝트 관리

❶ 최대 안전 여유 시간 확보보다는 '중간치'를 계산한다.

❷ 모든 안전 여유 시간을 프로젝트 말기에 하나의 프로젝트 완충제로 재조정한다.

❸ 프로젝트 단계별로 '자원 완충제'를 만든다.

골드렛은 철저한 방침변경이 필요하다고 말한다. 먼저 최대 안전 시간 확보에 집중하지 말고, 각 과제의 중간치를 찾는다. 이것은 50% 확률로 과제를 완료할 수 있는 시간을 말한다. 과제가 가까스로 끝날 것 같은 시점이라고 할 수 있다. 골드렛의 해결책은 간단하면서도 특이하다. 모든 프로젝트 단계는 중간치를 기준으로 시간을 분배한다. 계획할 때 안전 시간은 불필요하다.

둘째로, 골드렛은 기존에 프로젝트 단계별로 분포된 안전 시간을 프로젝트 말기에 하나의 프로젝트 완충제로 재조정하라고 강조한다. 실제로는 기존에 책정한 전체 안전 시간의 절반도 쓸 필요가 없다고 한다. 대부분 계획한 것보다 과제를 일찍 완료하고 그다음 단계로 넘어가기까지 시간을 지체하게 된다. 이런 변동 상황이 일반적으로 서로를 보충하게 된다.

셋째로, 특정 프로젝트 단계의 시작과 종료 시점에 대해 유연성 있게 대처해야 한다. 만약 특정 단계가 예상보다 일찍 완료되면, 다음 단계에 필요한 인력과 자원이 이미 준비되어 있어야 한다. 골드렛은 이것을 자원 완충제resource buffer라고 부른다. 자원 완충제가 있어야 프로젝트 수행 시간을 늘릴 수 있다. 이것은 이어달리기에서 주자가 다음 주자에게 바통을 넘겨주기까지 더 달려야 하는 것과 흡사하다. 비효율적인 것처럼 느껴지지만, 달리기에서 우승을 할 수 있는 최고의 방법이다.

골드렛의 프로젝트 관리가 시간에 집중한다는 점에 의문을 품을 수 있다. 그는 모든 비즈니스 프로젝트의 궁극적인 목표가 돈을 벌기 위한 것이기 때문에 당연하다고 말한다. 그리고 프로젝트가 완료되기 전까지는 돈을 벌 수 없다. 쇼핑몰을 짓든, 새로운 제품을 개발하든, 새로운 소프트웨어를 적용하든, 프로젝트가 완료될 때까지는 이윤을 창출할 수 없는 것이 당연하다.

실행에 대한
다른 관점

리더는 사람들이 지금껏 보지 못했고,
존재하지 않았던 것에 열광하게 만들어야 한다.
로자베스 모스 캔터

◇◇

콜린스, 코터, 캐플란 & 노턴 그리고 골드렛의 아이디어를 알아봤으니, 이제
실행에 관한 새로운 관점에 대해 간략하게 설명하겠다. 이번 장에서는 다음
질문들을 다룰 것이다. 어떻게 자신의 아이디어와 동료들의 아이디어를 엮
을 것인가? 어떻게 사람들이 내 뜻을 따르게 만드는가? 장기계획이 일과에
의해 망가지는 것을 어떻게 방지하는가? 마지막으로 이미 잘하고 있는 것을
어떻게 더 개선시킬 것인가?

로자베스 모스 캔터: 작은 변화에서 큰 변화로

로자베스 모스 캔터(1943~)는 하버드 대학 교수이며 원래는 사회학자였다. 그녀는 자신의 출판물에서 사업을 '사회의 축소판'으로 보고 있다. 이러한 시각은 놀라운 통찰을 가져다주었다. 캔터의 요지 중 하나는 조직 내의 직원들에게 권한과 가능성을 부여하여 그들의 재능을 십분 활용해야 한다는 것이다. 이렇게 함으로써 더 많은 혁신과 이익을 가져올 수 있다. 그러나 안타깝게도 너무나 많은 조직이 직원들에게 자율성을 허용하기보다는 통제하려고 한다.

'변화의 달인'의 세 가지 기술

❶ 다른 직원들을 돕도록 동료들을 설득한다.

❷ 협력을 통해 문제를 해결한다.

❸ 작은 변화를 연결하여 큰 변화로 이끈다.

직원들이 주도하는 조직을 경영하기 위해서는 캔터가 말하는 '변화의 달인'의 세 가지 기술이 필요하다.

1. 변화의 달인은 동료들이 정보, 지지 그리고 자원을 새로운 계획에 투자할 수 있도록 설득해야 한다. 직원들에게 진취적인 아이디어가 있어도 경영자의 지지 없이는 이루어낼 수 없다. 또한 직원들은 시간, 예산과 정보가 필요하다. 많은 조직에서 필요한 정보는, 즉 문제 해결을 위한 정보는 경영진에게 국한되어 있다. 경영자로서 변화를 이끌어내고 싶다

225

면, 진취적인 직원들에게 필요한 것을 제공해줘야 한다는 사실을 명심해야 한다.

2. 변화의 달인은 팀워크에 적극적이며 능동적인 직원들과 일할 때 생기는 문제를 해결할 수 있어야 한다. 직무수준, 지식, 정보 그리고 능력의 차이가 팀의 아이디어를 가로막는다. 사내 정치가 팀의 걸림돌이 될 수도 있다. 이러한 문제들을 해결하는 것이 경영진의 임무이다. 경영자는 사내 직급이 낮거나, 외향적이지 못하고 미팅에 적응을 잘 못하는 직원들이 어떤 생각을 가지고 있는지 귀 기울여야 한다.

3. 변화의 달인은 직원들이 제시한 작은 변화와 거대한 전략적 변화 사이의 관계를 이해해야 한다. 캔터는 최종 분석 단계에서 조직의 '통합' 전략이란 매장에서의 소규모 전략들의 상호작용의 합이라고 말한다. 캔터는 다섯 가지 구성요소를 다음 과정으로 분류했다.

   a. 관습으로부터의 탈출: 모든 조직 내에는 사소한 혁신, 변화, 실험, 단축 그리고 근본적인 혁신이 있다.

   b. 위기 혹은 충격 요법: 조직에 변화를 자극하는 사건들은 조직 내외에서 일어난다. 이 반응은 조직 내에서 이미 일어난 사소한 혁신 중 하나일 수 있다.

   c. 전략적 선택: 모든 조직에서는 현존하는 소규모 개혁과 근본적 개혁이 문제 해결에 적합하게 적용될 수 있도록 인재와 계획이 필요하다.

   d. 장본인: 결정만 내리는 것으론 부족하다. 변화들이 실행돼야 한다. 경영진은 원하는 변화에 대해 명확히 소통해야 하며, 이러한 행동을 장려해야 한다.

   e. 행동 매개: 직원들이 자신에게 기대되는 성과에 대해 이해하고 행동을 변화시키기 위해서는 프로세스와 구조적인 변화가 필요하다.

캔터는 경영자들이 다음과 같이 질문해야 한다고 말한다. 어떻게 직원들의 창의적 자율성을 제고할 조직구조를 적용시킬 수 있는가? 현장과 더 긴밀한 관계를 위해 어떤 책임과 의무사항이 필요한가? 어떻게 직원들을 격려해야 이들이 더 능동적으로 아이디어를 제시할 수 있는가? 그리고 실제로 직원들이 아이디어를 제시할 때 나는 어떻게 행동해야 하는가?

로버트 치알디니: 설득의 법칙 6가지

로버트 치알디니(1945~)는 애리조나 주립대학의 심리학 및 마케팅 교수이며, 영향력에 대해 세계에서 가장 뛰어난 전문가로 여겨진다. 그의 저서 《설득의 심리학Influence: The Psychology of Persuasion》(21세기북스)은 25년 넘게 베스트셀러였다. 치알디니는 사회영향력의 여섯 가지 기본 원칙에 대해 설명한다.

설득의 법칙 6가지
❶ 상호성의 법칙
❷ 일관성의 법칙
❸ 사회적 증거의 법칙
❹ 호감의 법칙
❺ 권위의 법칙
❻ 희소성의 법칙

1. **상호성의 법칙**^{reciprocity}: 사람들은 무엇을 받으면 다시 베풀고 싶어 하는 경향이 있다. 이러한 기제는 받은 것이 의미 있고, 뜻밖이거나 개인적일 경우 더 강해진다. 한번 특별한 이유 없이 동료에게 호의를 베풀어보라. 새로운 계획을 실행할 때 필요한 신뢰를 쌓아두는 방법이다.

2. **일관성의 법칙**^{commitment and consistency}: 사람들은 일관성 있는 언행을 보여주고 싶어 한다. 속담에서도 '일단 시작한 일은 끝내는 것이 좋다.'라는 말이 있는 것처럼, 이 원칙을 적용할 수 있는 방법이 있다. 만약 직원들과 함께 중요한 계획을 실행하고 싶다면, 먼저 직원들에게 작은 일거리를 주는 것이다. 예를 들어, 특정 주제에 관해 논할 준비가 되어 있는지 물어보는 것이다. 이러한 방식은 설득력이 떨어질지 모르지만, 올바른 방향으로 나아가는 데 중요한 첫 단계이다.

3. **사회적 증거의 법칙**^{social proof}: 사람들은 다른 사람들의 행동을 따라 한다. 이러한 경향은 수많은 비슷한 사람들이 특정 행동을 할 때와 어떻게 행동하는 것이 최선일지 모를 때 두드러진다. 에버렛 로저스가 (전략 부분에서) 가르쳐준 것을 적용하고, 변화에 관련된 사람들을 사회적으로 영향력 있는 사람들로 구성하는 것이다.

4. **호감의 법칙**^{liking}: 사람들은 호감 있는 사람들에 의해 크게 영향을 받는다. 그들의 영향력은 서로 닮았을 때, 칭찬할 때, 협력하여 일을 할 때, 그리고 신체적으로 매력이 있을 때 더 커진다. 호감의 법칙을 적용하는 방법은 어렵지 않다. 바로 다른 사람을 칭찬하는 것에 대해 관대해지는 것이다. 사람들과 공감하면, 그 사람들도 당신과 공감해줄 것이다.

5. **권위의 법칙**^{authority}: 직함(의사, 교수), 제복(흰 코트, 유니폼) 그리고 그 외 동

반되는 속성들(비싼 자동차)은 사람들에게 강한 인상을 남긴다. 사람들은 자동적으로 이러한 속성이 있는 사람들을 지식 및 신빙성과 연관 짓는다. 따라서 이런 것들을 활용하면 좋다. 만약 이러한 방법이 자신을 자랑하는 인상을 준다면, 동료에게 미팅 혹은 발표 중에 자신을 소개해줄 것을 부탁하는 식의 더 효과적인 방식을 사용할 수 있다.

6. 희소성의 법칙scarcity: 사람들은 희소성 있는 사람, 가능성 그리고 물건을 더 소중하게 여기는데, 특히 최근 희소성이 높아졌거나 다른 사람들과 경쟁을 할 때 더욱 그렇다. 예를 들어 동료에게 교육 프로그램에 참여하거나 프로젝트에 기여하라고 동기부여를 하고 싶다면, 자리가 얼마 없음을 강조하고, 다른 사람들도 관심이 있다는 점을 부각시켜준다.

데이비드 알렌: 끝도 없는 일 깔끔하게 해치우기

데이비드 알렌(1945~)은 Getting Things Done^{GTD} 기법의 창시자이다. GTD는 개인의 생산성을 높이는 방법 중 가장 대중적으로 사용된다. 많은 사람이 새로운 아이디어가 그날 업무에 치여서 빛을 발하지 못한다고 불평한다. GTD는 오늘 업무의 흐름에 주도권을 갖고, 내일 시간을 절약해준다.

알렌은 우리 업무를 여섯 가지 단계로 나누어볼 수 있다고 말한다. 오늘 해야 할 일이 있고, 내일 해야 할 일이 있다. 이것은 우리 모두의 도전과제이기도 하다. 알렌은 6단계 비행 고도 모형을 제시한다.

- 상공 5만 피트: 인생 전체에 영향을 주는 단계이다. 당신이 일하는 조직의 가치관과 경영이념은 무엇인가?
- 상공 4만 피트: 조직의 다음 3년에서 5년간의 목표.
- 상공 3만 피트: 다음 1~2년간 조직에서 당신의 역할.
- 상공 2만 피트: 조직에서 대내외적으로 당신이 맡은 의무와 책임.
- 상공 1만 피트: 당신이 맡고 있는 프로젝트. 알렌이 말하는 프로젝트는 성과를 얻기 위해 여러 가지 행동이 필요한 일을 의미한다.
- 활주로: 지금 책상 위에 있는 편지, 이메일, 업무 목록이다. 활주로는 가장 낮은 단계이기 때문에 의미가 없어 보일 수 있다. 하지만 알렌은 만약 활주로가 막혀 있다면, 비행기가 날거나 높은 고도에 오를 수 없다고 경고한다.

그렇다면 활주로를 어떻게 비울 것인가? 알렌의 GTD 접근법은 다섯 단계와 사서함으로 이루어져 있다.

1단계: 수집collect. 처리할 일거리를 모두 모은다. 편지, 노트, 무엇이든 일단 모아놓는다. 그런 다음 머릿속에 있는 생각을 종이에 한 장씩 적어 수집함inbox에 넣어둔다.

2단계: 가공process. 적어도 하루에 한 번은 당신의 수집함의 일거리들을 모두 가공하고 나서 스스로에게 질문하라. 다음에 해야 할 행동은 무엇인가?
- 해결할 문제나 검토할 제안, 처리할 업무가 있는데, 이것을 2분 내로 할 수 있거나 위임할 수 있는 일이라면 즉시 실행한다.

- 2분 이상 걸린다면, 메모를 남겨놓는다.

3단계: 정리organize. 업무 목록을 세 가지로 분류한다.
- 스스로 해야 하는 일을 모두 실행함action box에 보관한다. 마감기한이 있는 업무라면 일정표에 날짜를 표시해둔다.
- 위임한 일이 있거나 다른 사람의 지시사항을 기다리는 업무는 대기함waiting box에 넣는다.
- 흥미 있지만 급하진 않은 (공연 티켓 같은) 일은 언젠가/아마도sometime/maybe 라고 이름 붙인 함에 넣어놓는다.

이 과정이 모두 끝나고 마지막으로 남은 서류들은 파일 보관함에 넣어두 거나 쓰레기통에 버린다.

4단계: 검토review. 일주일에 최소한 한 번은 수집하고, 가공하고 정리한다. 매주 해야 할 일을 끝내놓으면, 이 시스템을 믿고 불안과 스트레스에서 벗어 날 수 있다.

5단계: 실행do. 실행함에 있는 일을 매일 몇 개씩 골라서 끝낸다. 누구나 예 상치 못하게 일이 생기기 마련이다. 일은 세 가지 항목으로 분류할 수 있다.
- 미리 정해놓은 일
- 일하다가 생긴 일
- 새로 해야 할 일

첫 번째 유형의 일은 이미 일정에 있던 것이다. 스트레스를 줄이고 싶다면 두 번째, 세 번째 유형의 일에도 매일 조금씩 시간을 투자한다.

GTD시스템은 이메일 관리에도 적용할 수 있다. 대부분 이메일 수신함은 열어보지 않은 메일로 넘쳐난다. 해결책은 매일 정해진 시간에 이메일을 정리하고 스스로에게 '다음 해야 할 행동은 무엇인가?' 하고 물어보는 것이다.

- 이 질문에 대한 답이 있다면 2분 내에 그 메일을 전달하거나 위임하라. 지금 당장 실천하는 것이다.
- 이 질문에 대한 답이 없다면 그 메일을 실행함, 언젠가/아마도, 대기함 중 한 곳에 넣어둔다.
- 세 분류함 속의 메일들을 정기적으로 처리한다.

GTD 접근법을 쉽게 적용할 수 있다. 사무실 문을 잠그고 반나절만 투자하면 된다. 먼저 머릿속에 돌아다니는 상념들, 업무, 아이디어를 메모지에 하나씩 적어서 수집함에 넣어둔다. 그렇게 하고 나면 잡념이 없어지고 맑은 정신으로 돌아오게 된다. 그다음 위에서 제시한 방법을 실천해본다.

덧붙이자면, 여러분 중 누군가는 이메일과 해야 할 일을 위의 방법처럼 분류하는 것이 전략을 실천하는 것에 비하면 별것 아니라고 생각할지도 모른다. 그러나 당치 않다. 실제로 수많은 조직에서 직원들은 업무량과 끝도 없는 할 일 리스트, 정보와 행정절차 과부하로 진짜 중요한 본 업무 근처에도 가지 못한다고 불평한다. 물론 정말로 업무량이 벅찰 때도 있다. 그러나 대부분의 경우는 관리자와 직원들이 개인의 생산성을 제대로 관리하지 못하는 것이 문제이다.

데이비드 쿠퍼리더: 강점탐구

데이비드 쿠퍼리더(1954~)는 케이스웨스턴리저브 대학에서 조직 행동을 강의하는 교수이다. 쿠퍼리더는 동 대학에서 강점탐구Appreciative Inquiry; AI 이론을 정립하여 박사 학위를 취득했다. 강점탐구는 변화 관리 철학으로 사람들이 조직의 약점에 시간을 낭비하기보다 조직의 강점을 찾고 개발하는 데 집중하라고 강조한다. 강점탐구 옹호자들은 AI를 통해 조직의 가능성을 최대로 이끌어낼 수 있다고 주장한다.

쿠퍼리더의 기본 철학은 간단하다. 모든 조직은 강점이 있기 마련이고 바로 그 강점이 조직의 존재 이유이다. 조직의 강점을 찾아내는 작업은 조직 구성원들이 그 강점에 집중하게 만들어 조직의 전환점이 되고 긍정적 변화에 필요한 동기부여를 제공한다.

쿠퍼리더가 제안한 AI 기법은 드러커와 버킹엄 같은 경영사상가가 주장한 강점기반 접근 방식strength-based approach과 유사하다. 강점탐구는 실무 현장에서 발견하기discover, 꿈꾸기dream, 구상하기design, 숙명destiny 네 단계로 실현된다.

1. 발견하기Discover. 이 단계의 핵심은 현재 시점에서 조직의 강점을 밝혀내

는 것이다. 조직원들이 자랑스러워하는 과거의 성취는 무엇이고, 어떤 특별한 자질과 기술을 발전시켜왔는가? 이 질문에 대한 답을 찾는 과정에서 가능한 한 조직의 모든 사람을 참여시키는 것이 이 과정의 묘책이다. 쿠퍼리더의 이론에서 질문은 문제 해결을 위한 개입과 불가분의 관계이다. 그 말인즉, 진정한 변화는 바로 이 단계에서 시작된다는 뜻이다.

2. **꿈꾸기**Dream. 이 단계에서 조직원들은 스스로에게 다음과 같은 질문을 던진다. 조직의 강점과 성공사례, 잠재력을 변화의 시작점으로 삼는다면 우리 조직의 미래는 어떤가? 현재 조직이 가진 긍정적 성격의 예외사항들이 미래의 조직규범이 된다면 어떤가? 우리 조직이 진정으로 할 수 있는 일에 전력을 다한다면 이 세상에 어떤 기여를 할 것인가? 이는 강점탐구 과정 중 가장 창의적인 단계이다.

3. **구상하기**Design. 이 단계는 실질적인 발전을 다 함께 구상하는 단계이다. 이미 존재하는 조직의 강점에 더 많은 자리를 내어주려면 조직에는 어떤 변화가 필요할까? 조직이 꿈을 실현할 수 있는 조건은 무엇인가? 이러한 변화를 위해서는 어떠한 실질적 방법들을 제안해야 하는가?

4. **숙명**Destiny. 이 단계에서는 발전을 위해 구상한 사안들을 실천하고 AI 학습문화를 조직 내에 정착시킨다. 조직원들은 자신이 어떤 변화에 기여하고 싶은지 스스로 결정하고, 그 변화를 위해 상세한 행동을 계획한다. 계획의 실행은 다시 AI 사이클의 4단계를 반복하기 위한 시작점이 된다. 결국 성공적인 개선 프로세스는 긍정적인 성취와 강점의 기반이 된다.

실행에 대한
실용적인 교훈

◇◇◇◇◇◇◇◇◇◇◇◇◇◇◇◇◇◇◇◇◇◇◇◇◇◇◇◇◇◇◇◇◇◇◇

우리는 4부에서 훌륭하고 영감을 주는 많은 이론을 살펴보았다. 하지만 경영서는 예술이 아니다. 경영서는 실용적인 가치가 있는 아이디어를 담는 것이 목적이다. 다시 한 번 같은 질문을 해보자. 우리가 실제 업무에 적용할 수 있는 중요한 교훈은 무엇인가?

> **실행에 대한 교훈**
>
> ❶ 결국에는 사람의 행동을 바꾸는 일이다.
> ❷ 정말 중요한 일에 집중한다.
> ❸ 장기목표를 일상 업무에 연결한다.

1. 결국에는 사람의 행동을 바꾸는 일이다.

코터는 분명하게 힘주어 말한다. 모든 변화 프로세스의 중심은 바로 사람의 행동이라고 말이다. 사람들로 하여금 다르게 생각하게 만드는 것이 도전 과제가 아니라, 다르게 행동하게 만드는 것이 도전 과제이다. 이것은 심리학에 대한 기본적인 (실용적인) 이해 없이는 불가능하다.

진정한 변화를 행동에 옮기려면 보고서와 발표 그 이상이 필요하다. 1990년대 네덜란드 사회보험은행Sociale Verkeringsbank; SVB에서 일하던 존 프로거가 한 가지 좋은 예를 말해주었다. "우리가 하는 일 중 하나는 연금보험 신청서를 처리하는 일이다. 이 절차는 67단계나 되는 문서작업이 필요했다. 항상 시간이 오래 걸리고 실수투성이였다."

새로운 회장이 부임했을 때, 프로거는 기회가 왔다는 것을 알았다. "보통 사람들은 리더십 세대교체가 일어날 때 희망사항을 말하지만, 나는 그 접근법에 믿음이 가지 않았다. 진정으로 변화하려면 우리가 더 창의적으로 접근해야 한다고 느꼈다." 2주 뒤에 프로거와 그의 동료들은 전체 연금보험 신청 절차를 재편성하기 위해 두 개의 회의실에 67개의 테이블을 놓고, 각 테이블마다 직원을 배치했다. 그다음 새 회장에게 연금보험 신청서를 1번 테이블부터 순서대로 처리하게 만들었다. 물론 여러 가지 문제점이 드러났고 시간도 오래 걸렸다. 15번 테이블에서 서류를 처리하던 중, 그는 더 이상 참지 못하고 프로거를 불러 말했다. "이건 더 이상 안 되겠어."

프로거는 신청 절차에 대한 전체 통제권을 위임받았고, 5년 동안 67개나 되던 절차를 4개로 줄였다. 이 프로젝트의 총비용은 6,400만 유로가 넘었지만, 6년 안에 그 비용을 모두 회수할 수 있었다.

많은 사람이 어떻게 동료, 고객 그리고 상사에게 더 많은 영향력을 미치는지 알고 싶어 한다. 우리는 더 많은 대화가 더 많은 영향을 줄 것이라고 착각한다. 하지만 프로거의 일화는 하나의 뼈저린 경험이 훨씬 더 강력하다는 것을 보여준다. 만약 당신의 아이디어가 중요하고 시급하다면, 사람들이 같은 중요성과 긴박함을 경험할 수 있게 해주어야 한다.

2. 정말 중요한 일에 집중한다.

다른 사람들이 머리에 집어넣은 공허한 문제 때문에 머리를 싸매지 않아야 한다. 차라리 골드렛의 충고를 따라 당신과 당신의 목표 사이를 가로막는 장애물이 무엇인지 찾아본다. 바로 당신의 상품과 서비스를 구매하는 고객들이 만족하지 않는 이유를 찾는 것이다. 만약 비영리 조직을 운영하고 있다면 시민들과, 조직 회원과 후원자들이 만족하고 당신이 하는 일에 기꺼이 돈을 낼 수 있게 만들 방법을 찾아본다.

최근에 필자는 다른 기업에 인수된 큰 출판사의 직원들과 얘기할 기회가 있었다. 그들이 회사가 인수되면서 해직될까 봐 불안해하는 동안 당시 기업의 경영진은 변화 프로그램을 도입했다. 인수되기 전부터 계획된 일이었고 시너지, 가변성 및 창의성과 같이 조직문화를 바꾸는 일과 관련이 있었다. 대화를 하는 중에 직원 한 명이 이렇게 말했다. "엘리베이터를 기다리면서 2주 뒤면 해고 통지를 받겠지 하고 불안해하는데, 이런 문구가 적힌 포스터를 발견했습니다. 1 더하기 1은 11이다. 이것은 바로 시너지에 관한 포스터였습니다."

여러분이 생각하는 것처럼 이 계획은 실패로 돌아갔다. 몇 주 지나지 않아, 전 직원이 해고됐고 경영진도 없어졌다. 이런 프로그램을 의심해야 하는 이유는 많이 있다. 일단 변화는 조직문화에서 시작할 수 없다. 직원 안전, 생산 품질과 같이 구체적인 문제와 사안을 바꾸는 시도가 조직문화를 바꾸게 되는 것이다.

얼마 전 필자는 그 지역에서 '최고의 고용주'라고 알려진 사업가와 이야기를 나누게 됐다. 그는 구체적인 사안에 초점을 맞추는 것을 좋아한다고 했다. "우리 직원들은 작업할 때 어떤 드라이버를 쓸 것인가가 다른 일보다 더 중요하다. 나에게는 사람들과 대화하는 것이 중요한 것처럼 작은 일들이 중요하다. 스케줄을 관리하거나 잠시 시간을 내서 대화하는 것이 내 일에 가장 큰 영향을 준다."

그는 일일이 변화와 직원들의 질문에 진지한 관심을 두고 몇 년에 걸쳐 긍정적인 조직문화를 만들어냈다. 결론적으로 우리는 경영자로서 유행을 따르기보다는 기업이 직면한 구체적인 사안에 더 집중해야 한다. 직원들과 고객들이 가장 먼저 머리에 떠오르고, 기업 성과에 영향을 미치는 그 문제가 당신의 최우선 과업인 것이다.

3. 장기목표를 일상 업무에 연결한다.

우리의 도전과제는 기업의 높은 목표와 장기계획을 일상 업무에 연결시키는 것이다. 당신의 장기목표가 현실적인 방안, 간단한 현장 작업, 절차, 동료와 고객과의 의사소통 등 사소해 보이는 문제에도 반영이 되어야 한다.

그것은 그리 간단한 일이 아니다. 워크숍 때 항상 하는 질문이 있다. "어떻게 할 것인가?" 얼마 전 필자는 서비스 업체에 트레이너 자격으로 방문한 적이 있다. 이 업체는 다음과 같은 전략을 새로 만들었다. "시간을 해결책으로." 이 말을 모두가 입에 달고 다녔다. 그래서 필자는 워크숍 참가자들에게

이 문구를 더 구체적으로 만들 수 있느냐고 물어보았다. "전략을 어떻게 실행에 옮깁니까?" 참가자들 중 아주 소수만이 새로운 전략을 실행에 옮길 방법을 제시할 수 있었다.

또 다른 예제를 들어보겠다. 국제 기업 SHV는 그들의 조직문화를 보존하는 것이 중요하다고 생각한다. 이 기업이 터득한 방법은 조직 내에서 경영자를 뽑는 것이었다. 내부 승계를 꾀하기 위해 그들은 해외 지사의 경영 특전과 사업부문을 연결했다. 기업 요직을 맡은 인사는 내부 승계자의 가능성을 열어두고 주시하고, 경영자들은 매해 성과에 대한 평가를 받는다.

또 다른 예를 들어보겠다. 경영서 저자 램 차란은 제너럴 일렉트릭의 잭웰치, 허니웰의 래리 보시디와 EDS의 리처드 브라운과 같은 최고경영자에게는 모두 한 가지 공통된 습관이 있다고 말했다. 그들은 미팅이 끝날 무렵에, 누가 어떤 실행 조치를 취해야 할 것인지를 직접 수첩에 적는 습관이 있었다. 그리고 미팅이 끝나면, 적은 것을 사람들에게 소리 내서 읽어주었다. 특별히 비전이 있거나 창의적인 일이 아닌 것은 인정한다. 하지만 비전과 창의성이 있는 계획이 실행될 기회가 훨씬 많아진다.

조직의 장기 비전을 일상활동으로 접목시키는 것은 리더의 역할이기 때문에, 관리자들이 종종 현장 직원들과 함께하도록 하는 것은 괜찮은 아이디어이다. 리더십, 조직, 전략, 실행에 관한 당신의 철학이 현장에서 이행되고 있는지를 알아볼 수 있는 좋은 방법이기 때문이다.

1분 만에 끝내는
MBA

—

—

—

이 책을 읽은 분들을 위해 간결하게 요점만 정리를 하고, 지금까지 읽었던 교훈을 실행에 옮기는 세 가지 방법을 제시한다.

리더십

1. 리더십은 배울 수 있다. 의미 있는 실천, 직접 부딪혀서 하는 경험과 의식적인 반성을 통해 리더십을 함양할 수 있다.
2. 천편일률적인 접근법은 존재하지 않는다. 다양한 상황과 다양한 사람들에게 각자 다른 리더십 접근법이 필요하다.
3. 자신의 한계를 뛰어넘고 다른 사람들도 그렇게 할 수 있도록 도와준다. 먼저 자기 자신을 다스려야 남들도 도와줄 수 있다.

조직

1. 조직구조는 사람의 행동을 규제한다. 사람은 조직을 만들고, 조직은 사람을 만든다.
2. 고객은 고객중심의 단일 프로세스를 원한다. 기능 부서에 초점을 맞추지 않고, 고객중심 프로세스에 초점을 맞춘다.
3. 직원의 강점을 활용한다. 조직의 일을 분배하기 전에, 가장 먼저 사람들이 자신 있어 하고 잘하는 일을 찾는다.

전략

1. 전략이 타당한지는 고객만이 알 수 있다. 주기적으로 당신의 사업을 고객 관점에서 보고 고객의 목소리를 직접 듣는다.
2. 전략은 일관성이 전부이다. 모든 사업 활동과 사업 모델이 한 가지 명확한 방향성을 가지고 있어야 한다.
3. 계획과 실험대로만 움직인다. 전략에 흔들림이 없어야 하지만, 전략의 틀 안에서 끊임없이 새로운 일을 시도해야 한다.

1. 결국에는 사람의 행동을 바꾸는 일이다. 사고방식의 변화도 중요하지만, 가장 중요한 것은 행동의 변화이다.
2. 정말 중요한 일에 집중한다. 고객이 만족하고 당신의 제품과 서비스를 구매하도록 영향을 줄 수 있는 일을 찾아낸다.
3. 장기계획을 일상 업무에 반영한다. 우리의 도전과제는 기업의 높은 목표와 장기계획을 일과와 연결시키는 것이다.

실행을 위한 3단계

이 책의 내용을 실천하기 위한 3단계를 소개한다.

1. 배우고 – 가르치고 – 실행한다

책에서 새로운 것을 읽거나 이미 알고 있던 일을 확인하는 것은 재미있다. 하지만 솔직하게 경험에 비추어 말하면, 배운 내용을 가르쳐보면 훨씬 더 많이 배울 수 있다. 만약 《하루 만에 끝내는 MBA》에 투자한 시간과 에너지를 아깝지 않게 하려면 배운 내용을 동료들에게 '한 시간에 끝내는 MBA'로 설명해보는 것도 좋은 방법이다.

2. 문제를 찾는다

문제는 사람들을 행동하게 만들고, 변화의 힘이기도 하다. 만약 실천하고 싶은 아이디어가 있다면, 그것을 조직의 문제와 연결시키는 것이 도움이 될 것이다. 그 문제에 대해 생각하면서 책에서 배운 내용을 살펴본다.

3. 구루 배틀 Guru battle

더 높은 생산성을 원한다면, 팀을 만들어서 실행할 수 있다. 해결해야 할 문제를 함께 논의하고, 팀원이 각자 책에서 배운 경영 구루의 관점을 그 문제에 적용해보게 한다. 포터는 이 문제를 어떻게 해결했을까? 코비는 무슨 말을 했을까? 민츠버그의 관점은 어떨까? 경영 구루를 직접 만나서 자문을 구할 수는 없지만, 이 방법을 통해 유사한 효과를 얻을 수 있다.

맺음말

해마다 하루 만에 끝내는 MBA 세미나를 준비하면서 우리가 다루는 경영 사상가들의 이론이 지니는 실용적 가치에 대해 다시 한 번 깨닫게 된다. 필자는 그들의 이론에서 항상 새롭고 가치 있는 교훈을 얻는다. 물론 필자가 하는 일이 가변적이고 매번 새로운 도전을 마주하기 때문이기도 하다.

이 책이 여러분에게도 도움이 되기를 바란다. 책 읽기를 한 번으로 끝내기보다는, 필요할 때마다 한 번씩 꺼내 보면서 새로운 아이디어, 모델과 관점을 얻을 수 있기를 바란다. 또한 그럼으로써 필자가 그러했듯이 당신의 커리어와 개인적인 삶에도 도움이 되기를 바란다.

리더십

1. 가장 중요한 리더십 이슈는 무엇인가?

2. 어떤 종류의 리더십이 있는가?

3. 누구든지 리더가 될 수 있는가?

4. 개인 리더십 역량은 어떻게 개발하는가?

드러커 31~34

코비 35~46

루선스 71~73

5. 동료들에게 어떻게 영감을 주고 동기부여를 하는가?

코비 44~46

블랜차드 59~63

마이스터 73~75

티글러 77~79

6. 사람들의 리더십을 어떻게 길러줄 수 있는가?

코비 44~46

티글러 79

7. 어떤 유형의 리더십이 가장 효과적인가?

퀸 47~53

블랜차드 54~58

조직

1. 가장 중요한 조직 이슈는 무엇인가?

티글러 82~83

민츠버그 84~86

2. 조직의 구성요소와 조직 모델에는 어떤 것들이 있는가?

민츠버그 84~90

3. 여러 조직 모델의 장단점은 무엇인가?

민츠버그 90~95

티글러 130~131

4. 효율적인 사업 프로세스는 어떻게 개발하는가?

민츠버그 88~90

해머 104~110

워맥 & 존스 122~124

티글러 131~132

5. 탁월한 조직은 어떻게 만드는가?

피터스 96~103

콜린스(4부 실행) 194~200

6. 주변 사람들을 뛰어나게 만들려면 어떻게 해야 하는가?

피터스 102~103

버킹엄 111~117

티글러 133~134

7. 직원들에게 동기부여를 할 수 있는 조직은 어떻게 만드는가?

핸디 118~121

루선스 124~126

에머빌 126~129

질의응답

6. 제품을 어떻게 시장에 성공적으로 출시할 것인가?

코틀러 148~155

고딘 164~166

라이켈트 167~169

7. 성공적인 혁신을 위해 무엇이 필요한가?

크리스텐슨 169~171

로저스 173~175

실행

1. 가장 중요한 실행 이슈는 무엇인가?

티글러 192~193

캐플란 & 노턴 210~211

2. 어째서 많은 실행이 실패하는가?

코터 205~207

캐플란 & 노턴 215

티글러 235~237

3. 실행을 위해 어떤 단계가 필요한가?

콜린스 194~200

코터 201~205

질의응답

4. 사람들이 변화에 참여할 수 있도록 어떻게 설득하는가?

5. 내 스케줄을 어떻게 관리해야 하는가?

6. 무언가 개선하고 싶다면 어디서부터 시작해야 하는가?

7. 어떻게 목표설정을 하고 진행 과정을 점검할 수 있는가?

찾아보기